Zülal Aytüre-Scheele

Neue zauberhafte Origami Ideen

Papierfalten für groß und klein

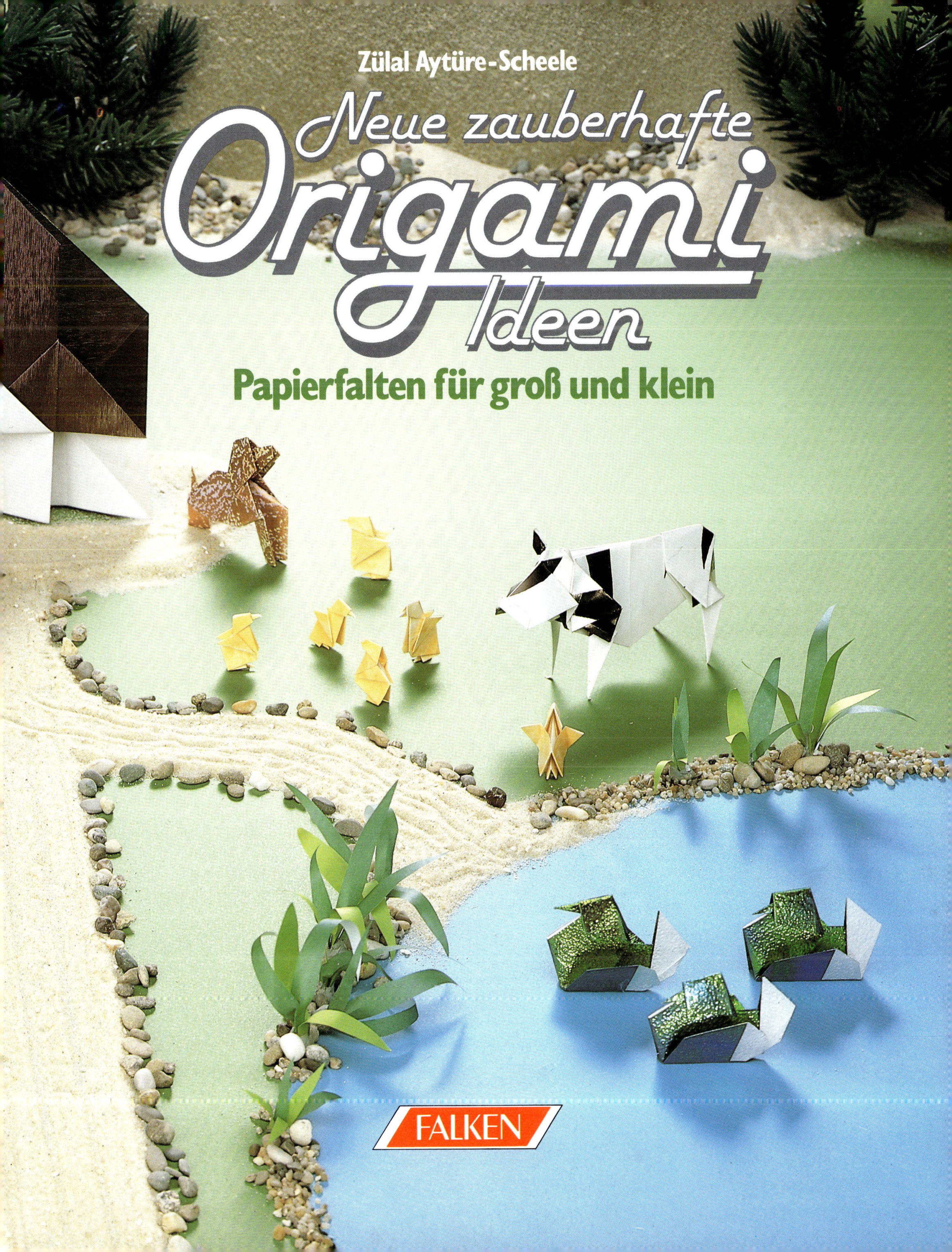

FALKEN

Inhalt

Von Zülal Aytüre-Scheele erschien im FALKEN Verlag auch der erfolgreiche erste Band von Hobby Origami. Aus sieben Grundformen werden die verschiedensten Figuren gefaltet: die Palette reicht von Tieren und Blumen bis hin zu Masken und kleinen Gebrauchsgegenständen (Bestellnummer: 0756).

Vorwort

Woher kommt es, daß Origami, die Kunst des Papierfaltens, auch heute nach vielen hundert Jahren in Japan ein wichtiges Element der Erziehung und Alltagsbeschäftigung ist und in vielen anderen Ländern der Welt bei groß und klein immer mehr Freunde gewinnt?
Der Grund ist sicher, daß Origami eine Kunst ist, die nur ganz bescheidene Mittel voraussetzt — ein Stück Papier —, woraus jeder, der sich damit beschäftigt, wunderschöne, zauberhafte Figuren schaffen kann. Kleine Kunstwerke, die nicht nur dem Betrachter Freude machen, sondern auch als Spielzeug oder Gebrauchsgegenstand verwendet werden können. Anregungen hierzu soll dieses Origami-Buch geben.
Vorgestellt werden 39 Figuren, die man aus acht Grundformen falten kann. Benötigt wird jeweils ein Stück Papier; gelegentlich muß man auch Schere, Klebstoff oder Farben zur Anfertigung von Dekorationen zu Hilfe nehmen.
Aus dem Papier kann man dann mit etwas Geduld und Konzentration perfekte Figuren falten. Eine sehr kreative Beschäftigung, die Spannung und Freude vermittelt und zum Schluß Stolz und Befriedigung über das gelungene Werk.
Wer die Dinge seiner Umgebung genau beobachtet, wird mit ein bißchen Übung bald viele Figuren selbst erfinden können.

Viel Freude mit Origami!

Zülal Aytüre-Scheele

Papier für Origami

Papier ist das einzige Material, das man für Origami braucht. Darum ist die Papierauswahl besonders wichtig. Man kann jedes Papier verwenden, das faltfest ist und sich nicht dehnt: Geschenkpapier, Briefpapier oder festes Papier aus Zeitschriften.

Jeder muß für sich herausfinden, welches Papier am besten geeignet ist. Wichtig ist, daß man mit dem Papier saubere Falten und Knicke machen kann, ohne daß es reißt oder bricht.

Geschenkpapier gibt es in allen Schreibwarengeschäften, Papeterien und Supermärkten. Die Auswahl ist überraschend groß, und schon das Suchen nach dem richtigen Papier macht viel Spaß.

Fast alle Figuren aus diesem Buch wurden aus Geschenkpapier gefaltet. Manchmal wurden auch verschiedenfarbige oder gemusterte Papiere aufeinandergeklebt und gefaltet, um interessante, farbige Effekte zu erzielen.

Natürlich kann man auch echtes Origami-Papier kaufen. Einige größere Schreibwarengeschäfte bieten solche Papiere bereits quadratisch zugeschnitten an.

Die Figuren werden aber ebenso schön, wenn man sie aus Geschenkpapier faltet.

Die zehn Gebote des Origami

1. *Zuerst geeignetes Papier auswählen und in der für die gewünschte Figur richtigen Form und Größe zuschneiden.*

2. *Immer darauf achten, daß sauber und sorgfältig gearbeitet wird.*

3. *Alle Falten und Knicke müssen exakt ausgeführt werden. Deshalb ist es ratsam auf einer festen und glatten Unterlage zu arbeiten.*

4. *Wenn man alle Falten und Knicke mit dem Daumennagel nachzieht, werden sie deutlicher. Und alle weiteren Arbeitsschritte lassen sich einfacher nacharbeiten.*

5. *Je ordentlicher die Falten gemacht werden, desto schöner wird das fertige Werk.*

6. *Alle Arbeitsschritte sorgfältig in der angegebenen Reihenfolge ausführen.*

7. *Es darf kein Schritt vernachlässigt werden. Deshalb sollte immer der vorhergehende und der folgende Arbeitsschritt mit berücksichtigt werden.*

8. *Alle Hinweise genau beachten, z.B. in welche Richtung muß eine Ecke gefaltet werden, wie muß man eine Form zusammenklappen, muß eine Form oder ein Knick wieder geöffnet werden usw.*

9. *Wer noch keine Erfahrung mit Origami hat, sollte auf jeden Fall zuerst die Grundformen falten. Es ist dann sehr spaßig zu sehen, wie aus einer bestimmten Grundform die unterschiedlichsten Figuren entwickelt werden können.*

10. *Wer alle Regeln und Hinweise genau beachtet und sauber und sorgfältig faltet, wird sehr viel Freude mit den Ergebnissen haben.*

GRUNDFORM I

1. Ausgangsform ist ein quadratisches Blatt Papier.

2. Diagonal in der Mitte vorfalten.

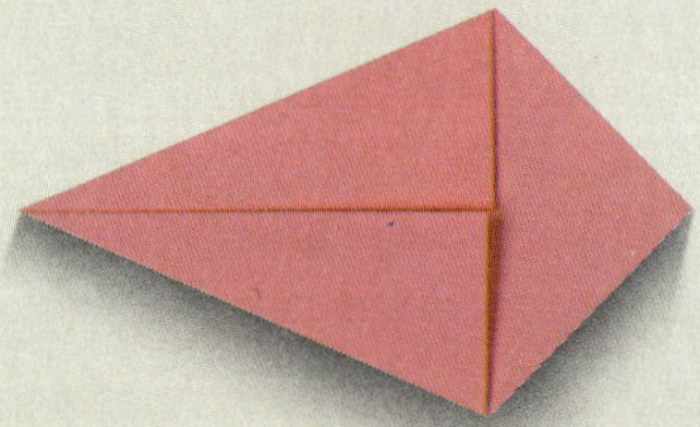

3. Zwei Nachbarkanten an diesen Knick anlegen und falten.

Huhn

1. Mit Grundform I beginnen. Die Form umdrehen.

2. An der gestrichelten Linie . . .

3. . . . die linke Spitze auf die rechte Spitze falten und an der Markierung . . .

4. . . . wieder nach links falten. Die Form in der Mitte zusammenklappen (die geschlossene Seite des Papiers ist außen).

5. Die linke Spitze etwas nach oben ziehen.

6. An den vorgegebenen Linien scharf knicken.

7. Die Form von unten öffnen . . .

8. . . . am ersten (1) Knick die linke Spitze nach innen wenden.

9. Die Faltung feststreichen.

10. Die linke Spitze öffnen . . .

11. . . . am zweiten (2) Knick (vgl. Schritt 6) nach oben falten.

12. An den Markierungen vorfalten.

13. Die Spitze öffnen . . .

14. . . . am ersten (1) Knick nach unten falten.

15. Die Form glattstreichen und so die Faltung festigen.

16. Die Spitze öffnen . . .

17. . . . am zweiten (2) Knick (vgl. Schritt 12) nach links falten.

18. Nun Kamm und Schnabel rot anmalen; das Huhn ist fertig.

Ente

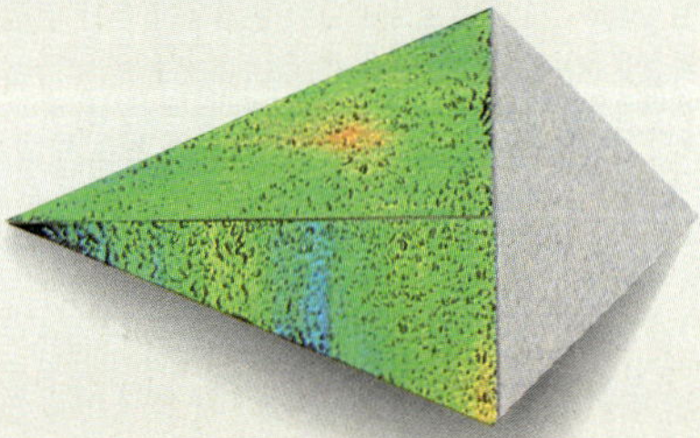

1. Ausgangsform ist Grundform I (Seite 8). Die Form umdrehen.

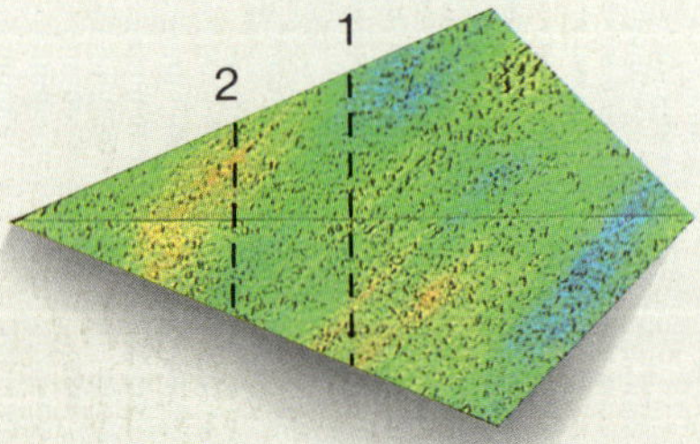

2. An der ersten (1) Markierung die linke Spitze . . .

3. . . . auf die rechte Spitze falten und an der zweiten (2) Markierung . . .

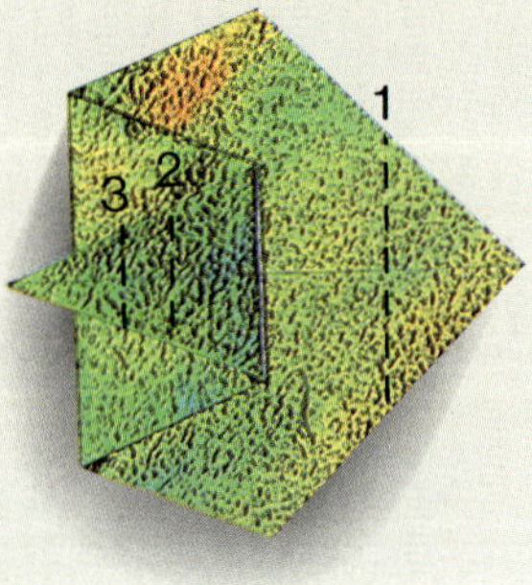

4. . . . wieder nach links falten. Die rechte Spitze an der ersten (1) Hilfslinie nach links falten, so daß sie genau an dem umgeschlagenen linken Papierteil anstößt. Die linke Spitze an der zweiten (2) Hilfslinie nach innen, an der dritten (3) Hilfslinie nach außen falten.

5. Die Form in der Mitte zusammenklappen.

6. Den Kopf und den Schwanz nach . . .

7. . . . oben ziehen. Die Kanten flach drücken und so die Form festigen.

8. Die Form festhalten, nun den Kopf ein bißchen nach oben ziehen und festdrücken.

9. An der Markierung den unteren vorderen Teil der Figur nach oben falten.

10. Dasselbe auf der Rückseite wiederholen. Die untere rechte Ecke an der gestrichelten Linie nach innen falten. Dasselbe auf der Rückseite wiederholen.

11. Das ist die fertige Ente.

Vogelfamilie

Vogel

1. Mit Grundform I (Seite 8) anfangen. An der Hilfslinie . . .

2. . . . die linke Spitze nach hinten falten. An der gestrichelten Linie . . .

3. . . . linke obere und untere Ecke auf die waagerechte Mittellinie falten. An den Hilfslinien . . .

4. . . . scharf knicken und die letzten Faltungen rückgängig machen.

5. Die Form an Punkt A festhalten und von der linken Seite her etwas öffnen.

6. Nun die obere linke Ecke nach innen auf Punkt A falten. Die Form wieder flach drücken.

7. Das gleiche mit dem unteren Flügel wiederholen. An den Markierungen . . .

8. . . . obere und untere Spitze nach links falten.

9. Die Form an der waagerechten Mittellinie zusammenklappen, so daß die offene Seite der Form innen ist. An der ersten (1) Hilfslinie den Schwanz einschneiden. An der zweiten (2) Hilfslinie das Papier knicken.

10. Die linke Spitze öffnen und am entstandenen Knick nach innen falten. An der gestrichelten Linie . . .

11. . . . den Flügel nach oben falten. Auf der Rückseite wiederholen. Der Vogel ist fertig.

Papagei

1. Mit Schritt 8 des Vogels (Seite 12) beginnen.

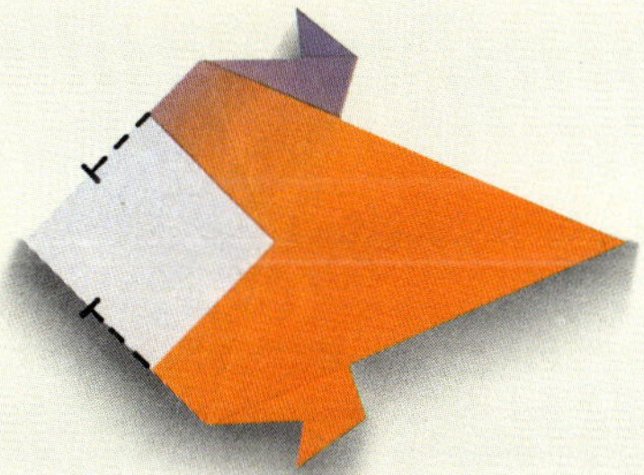

2. Die Form umdrehen. Linke obere und untere Kante des kleinen Vierecks an den Markierungen . . .

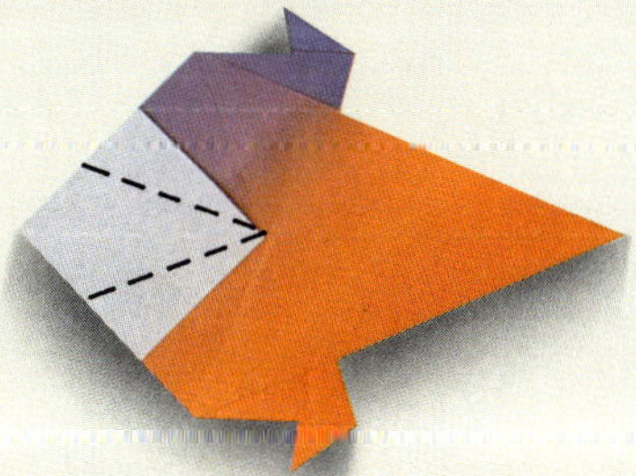

3. . . . einschneiden (etwa bis zur Mitte). An den Hilfslinien . . .

4. . . . rechte obere und untere Kante des kleinen Vierecks auf die waagerechte Mittellinie falten.

5. Die Form in der Mitte zusammenklappen, so daß die geschlossene Seite außen bleibt. An der gestrichelten Linie scharf knicken.

6. Linke Spitze öffnen, am entstandenen Knick nach innen falten . . .

7. . . . gleichzeitig die rechte Spitze hochziehen und die Form wieder zusammendrücken.

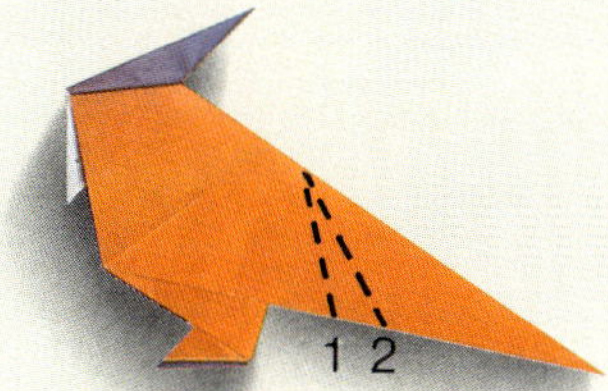

8. An den Hilfslinien zwei scharfe Knicke machen.

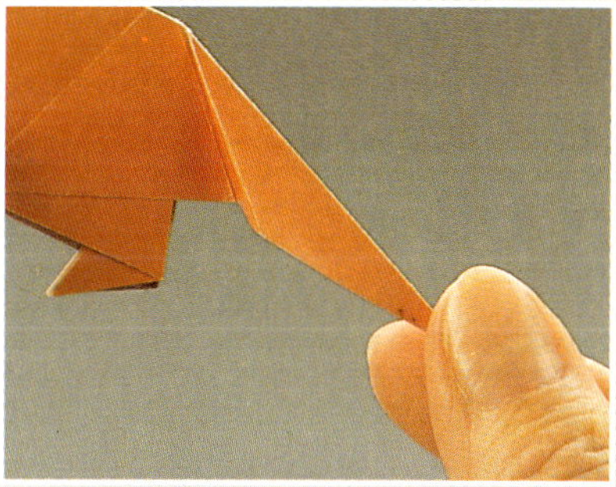

9. Den Schwanz öffnen. Am ersten (1) Knick nach innen, am zweiten (2) nach außen falten.

10. Nun muß der Papagei nur noch sprechen lernen.

Blatt

1. Mit Grundform I (Seite 8) beginnen. Rechte obere und untere Kante . . .

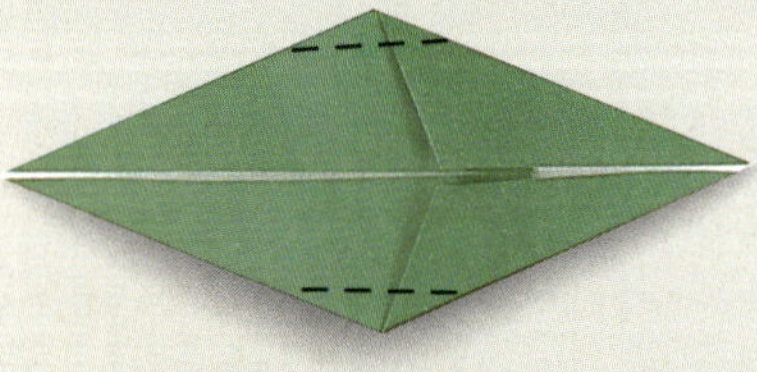

2. . . . auf die waagerechte Mittellinie falten. Die obere Ecke an der gestrichelten Linie knicken.

3. Die Falte öffnen und die Ecke nach innen drücken. Die Falte wieder glattstreichen.

4. Das gleiche mit der unteren Ecke wiederholen.

5. Die Form in der Mitte zusammenklappen. An den Markierungen . . .

6.. . . . falten.

7. Die letzten Faltungen rückgängig machen, und die Form wieder öffnen, so daß Schritt 4 vorliegt. An der ersten (1) Hilfslinie die rechte Spitze nach links, an der zweiten (2) Hilfslinie . . .

8. . . . wieder nach rechts falten. Den unteren Teil der rechten Spitze an der Markierung . . .

9. . . . nach oben falten. Das entstehende kleine Dreieck . . .

10. . . . glattstreichen. Das gleiche an der oberen Markierung wiederholen.

11. An den gestrichelten Linien die obere und untere Ecke der rechten Seite knicken und . . .

12. . . . nach innen drücken. Wenn man die Figur umdreht, ist das Blatt fertig.

GRUNDFORM II

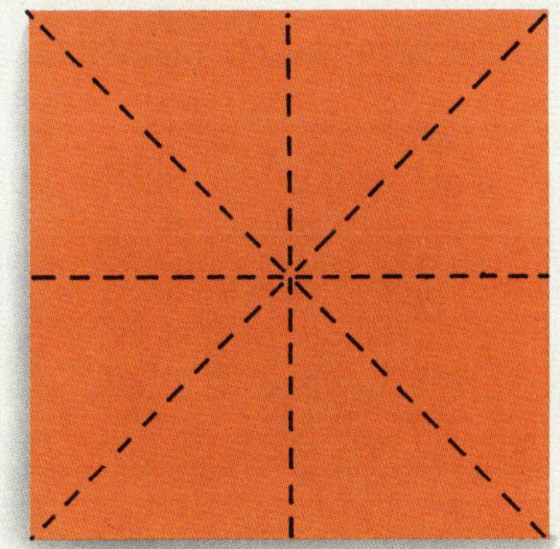

1. Ein quadratisches Blatt Papier wird an den Hilfslinien vorgefaltet.

2. Rechte und linke Kante auf die senkrechte Mittellinie falten. Die weiße Seite des Papiers bleibt innen.

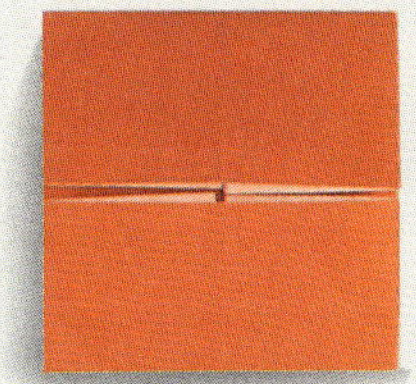

3. Obere und untere Kante auf die waagerechte Mittellinie falten und wieder entfalten.

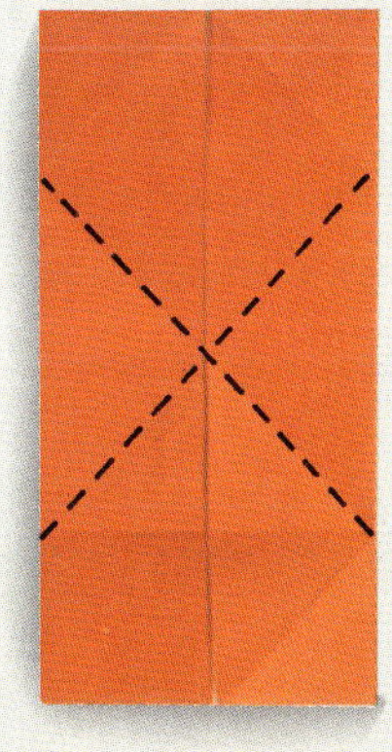

4. An den Hilfslinien . . .

5. . . . vorfalten.

6. Die inneren unteren Ecken anheben und nach außen ziehen.

7. Die Unterkante der Form mit der waagerechten Mittellinie zur Deckung bringen.

8. Fie Form um 180° drehen (auf den Kopf stellen) und die Schritte 6 und 7 wiederholen.

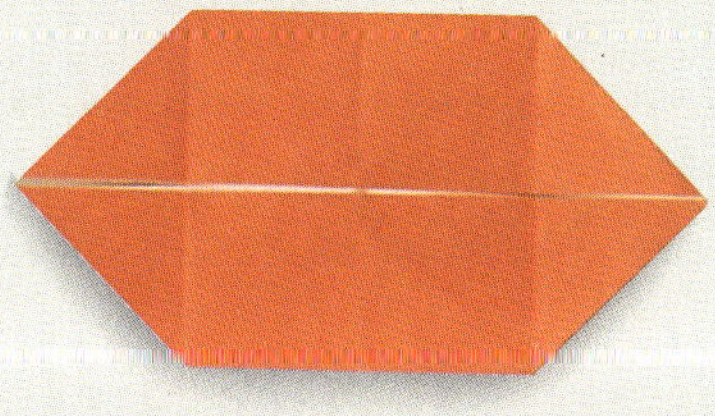

9. Das ist Grundform II.

Segelboot

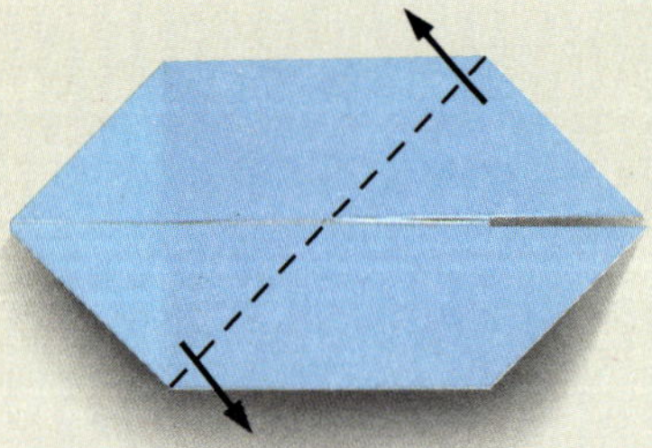

1. Mit Grundform II (Seite 15) anfangen. An der Hilfslinie . . .

2. . . . die rechte obere Spitze nach oben, die linke untere Spitze nach unten falten.

3. An der gestrichelten Linie . . .

4. . . . die Form diagonal in der Mitte zusammenklappen; die geschlossene Seite der Form ist innen.
Die linke obere Spitze . . .

5. . . . nach oben, die linke untere Spitze nach links falten. Die rechte untere Spitze . . .

6. . . . nach rechts ziehen. Das Segelboot ist fertig.

Haus

1. Ausgangspunkt ist Schritt 3 von Grundform II (Seite 15). An den Hilfslinien . . .

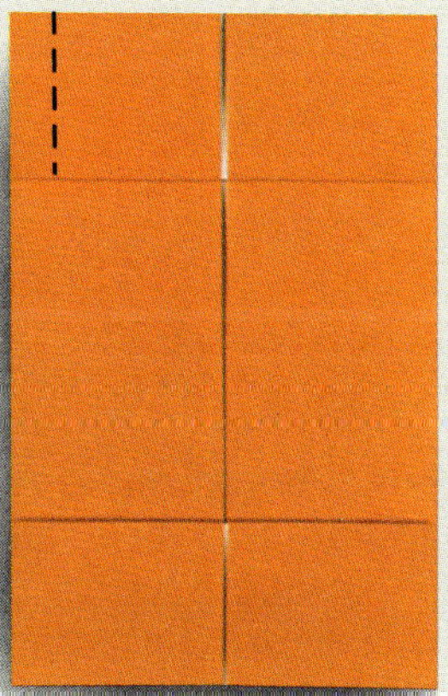

2. . . . den oberen Flügel nach oben, den unteren Flügel nach unten falten. An der Markierung . . .

3. . . . die linke obere Kante nach rechts falten und das entstandene kleine Dreieck . . .

4. . . . glattstreichen.

5. Das gleiche mit den drei anderen Kanten wiederholen.

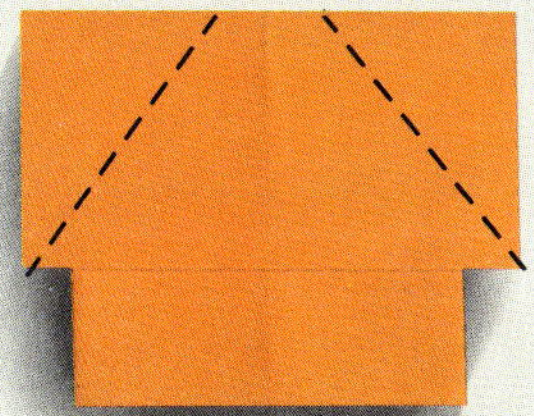

6. Die Form in der Mitte zusammenklappen, so daß die gefaltete Seite innen bleibt. An den gestrichelten Linien scharf knicken.

7. Die Form etwas öffnen, die beiden oberen Ecken an den entstandenen Knicken nach innen drücken.

8. Die Form wieder zusammenklappen. Die Tür und die Fenster aufmalen oder aufkleben.

Schwein

1. Mit Schritt 2 der Grundform II (Seite 15) beginnen.

2. Den unteren Teil der Form an der waagerechten Mittellinie nach hinten falten. An den Hilfslinien . . .

3. . . . die rechte und linke obere Ecke auf die untere Kante falten; auf der Rückseite das gleiche wiederholen.

4. Die Faltung auf der vorderen rechten Seite wieder rückgängig machen. Den vorderen Flügel etwas öffnen, die obere rechte Ecke . . .

5. . . . auf die untere Kante drükken.

6. Das Papier glattstreichen.

7. Das gleiche mit der linken Ecke und den Ecken auf der Rückseite wiederholen. Die rechte Kante des linken Dreiecks an der Markierung . . .

8. . . . nach links falten. Das gleiche auf der Rückseite wiederholen. Das werden die Vorderbeine des Schweins. An der gestrichelten Linie . . .

9. . . . die äußere rechte Ecke nach links falten . . .

10. . . . und wieder entfalten. Die Form von oben etwas öffnen.

11. Die äußere rechte Ecke . . .

12. . . . an dem durch Schritt 9 entstandenen Knick nach links in die geöffnete Form falten.

13. Den oberen Teil der Form wieder zusammendrücken. An der Hilfslinie . . .

14. . . . die obere rechte Ecke nach innen falten; auf der Rückseite wiederholen.

15. Nun die Form von oben wieder etwas öffnen und die große innenliegende Spitze . . .

16. . . . nach rechts ziehen, so daß ein Schwänzchen entsteht.

17. Die Figur wieder zusammendrücken. An der Markierung knicken.

18. Die Form von oben wieder leicht öffnen . . .

19. . . . und die linke äußere Ecke am entstandenen Knick nach innen falten.

20. Die Figur wieder zusammendrücken.
Das Schwein ist fertig.

GRUNDFORM III

1. Ein quadratisches Blatt Papier . . .

2. . . . in der Diagonalen falten, wobei die weiße Seite innen bleibt.

3. Linke und rechte Ecke an den gestrichelten Linien nach unten falten.

4. Das ist Grundform III.

Fliege

1. Ausgangsform ist Grundform III. Die offene Spitze zeigt nach oben. An den Hilfslinien . . .

2. . . . die beiden obenliegenden Spitzen des vorderen Flügels nach unten falten. An der Markierung . . .

3. . . . die obere Spitze nach unten falten. An der gestrichelten Linie (= waagerechte Mittellinie) . . .

4. . . . das Papier noch mal nach unten falten. An den Hilfslinien . . .

5. . . . rechte und linke Ecken nach hinten falten. An der Markierung . . .

6. . . . die obere Spitze nach hinten falten. An den Hilfslinien obere rechte und linke Ecke nach vorne falten. Die Fliege ist fertig.

Marienkäfer

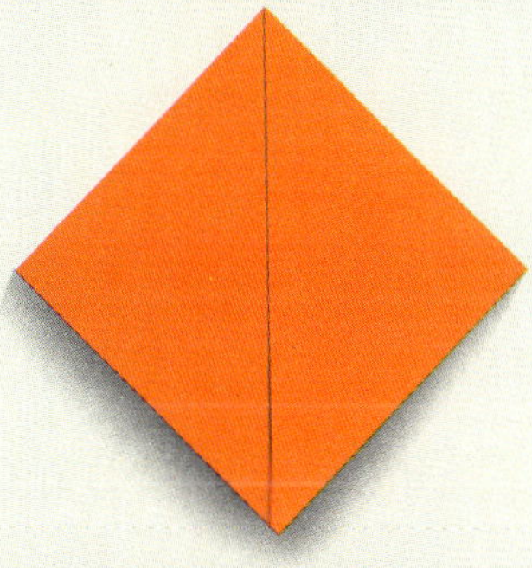

1. Mit Grundform III beginnen. Die offene Spitze zeigt nach unten. Die Form umdrehen.

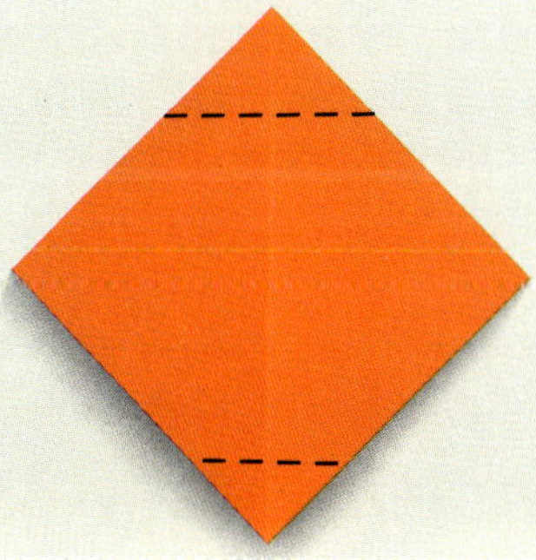

2. An der Hilfslinie die obere Ecke . . .

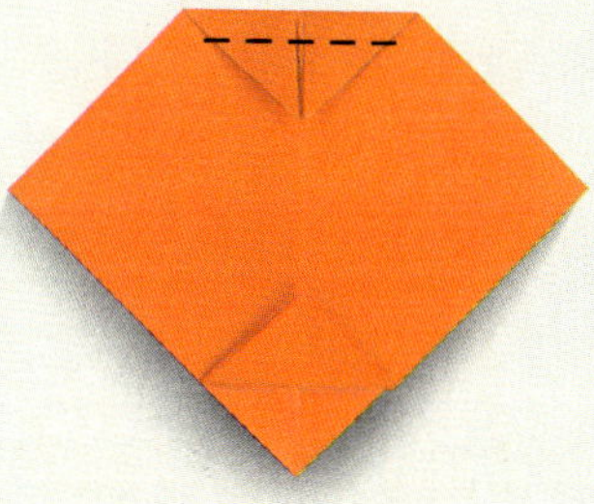

3. . . . nach unten und die ersten beiden unteren Ecken nach oben falten. An der gestrichelten Linie . . .

4. . . . die obere Ecke wieder nach oben falten. Die Form umdrehen.

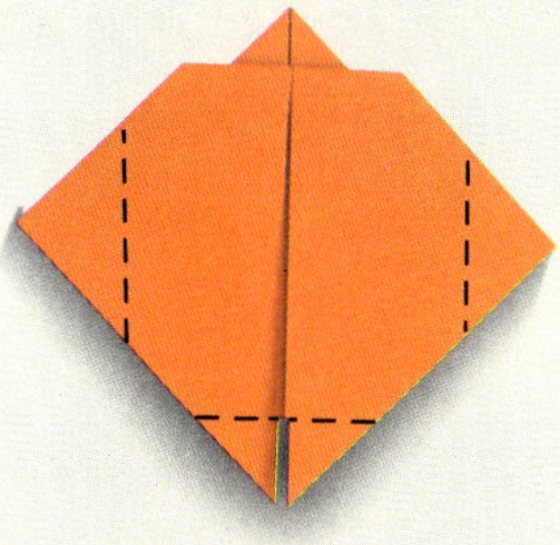

5. An den Hilfslinien scharf knicken.

6. Die untere linke Spitze etwas öffnen und am Knick nach innen falten.

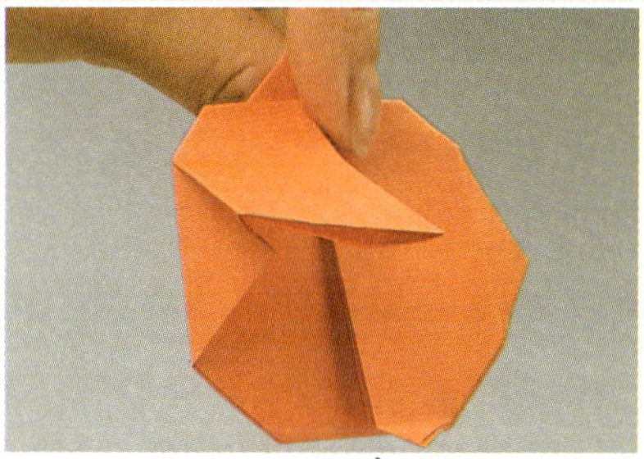

7. Den linken Flügel etwas öffnen, die linke Ecke am entstandenen Knick nach innen drücken. Die Form wieder zusammendrücken.

*8. Das gleiche mit der rechten Seite wiederholen.
Nun den Kopf und die Punkte mit schwarzer Farbe aufmalen. Die Punkte können auch ausgeschnitten und aufgeklebt werden.*

GRUNDFORM IV

1. Ein quadratisches Papier zweimal in der Mitte vorfalten. Die vier Ecken . . .

2. . . . auf den Mittelpunkt falten.

3. Das ist Grundform IV.

Salznäpfchen

1. Mit Grundform IV beginnen. Die Form umdrehen.

2. Die vier Ecken . . .

3. . . . auf den Mittelpunkt falten. An den Hilfslinien knicken.

4. Die Form zusammenklappen.

5. Mit vier Fingern von unten in die vier Taschen greifen, und die Figur in der Mitte zusammendrücken.

6. Die Figur umdrehen. Die Taschen mit Salz und Pfeffer füllen – fertig.

Soll eine Figur zum Spielen entstehen, die Figur wie in Schnitt 5 gezeigt halten.

Mit den Fingern die Figur öffnen und schließen.
Man kann damit viele Ratespiele erfinden.

Will man eine Fingerpuppe basteln, faltet man die beiden unteren Ecken nach innen und bemalt die Figur entsprechend.

Spanische Schachtel

1. Mit Schritt 3 der Salznäpfchen beginnen. Die vier Ecken, die in der Mitte zusammenliegen . . .

2. . . . nach außen falten. An den Markierungen vorfalten. Die Form umdrehen.

3. Die vier Ecken an den Hilfslinien . . .

4. . . . wie eine Ziehharmonika falten.

5. Jede Ecke an den Kanten zusammendrücken, bis im Innenteil eine quadratische Form entsteht.

Schachtel

1. Mit Grundform IV (Seite 22) beginnen. Die vier Ecken, die in der Mitte zusammenliegen, an den Hilfslinien . . .

2. . . . nach innen falten. Die Ecken berühren dann jeweils den Mittelpunkt einer Kante. Die Form umdrehen.

3. Die rechte und linke Kante an den Markierungen . . .

4. . . . auf die Mittellinie falten. Den linken oberen Flügel nach rechts falten. Die beiden kleinen Dreiecke auf der linken Seite an den Hilfslinien . . .

5. . . . nach vorne falten. Den obenliegenden rechten Flügel wieder nach links falten.

6. Die Schritte 4–6 mit dem rechten Flügel wiederholen.

7. Die Figur an der Mittellinie öffnen und auseinanderziehen.

8. Das ist das Nest für die Baby-Vögel.

9. Faltet man die Figur an den gestrichelten Linien vor und öffnet sie anschließend . . .

10. . . . wird aus dem Nest eine Schachtel. Die Kanten nochmals nachziehen. Aus einem zweiten Papier, das um 0,5 cm größer ist, kann man eine weitere Schachtel falten und als Deckel verwenden.

GRUNDFORM V

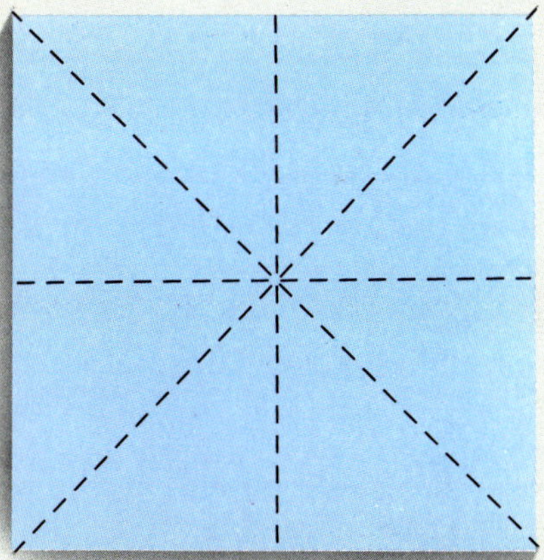

1. Ein quadratisches Blatt Papier zweimal in der Mitte und zweimal diagonal falten . . .

2. . . . damit die eingetragenen Knicke entstehen.

3. Das Papier in der Mitte falten, so daß die weiße Seite innen bleibt.

4. Die rechte Hälfte des Papiers senkrecht hochziehen . . .

5. . . . öffnen . . .

6. . . . und auseinanderdrücken.

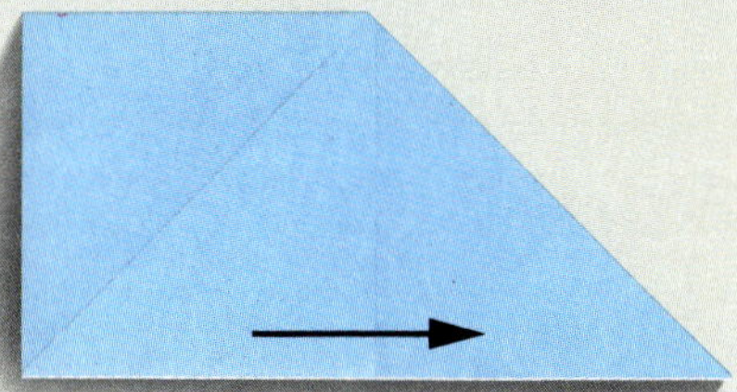

7. Die Falte glattstreichen. Den entstandenen linken Flügel . . .

8. . . . nach rechts falten.

9. Die Schritte 4–8 mit der linken Hälfte der Figur wiederholen.

10. Das ist Grundform V.

Bauernhaus

1. Mit Grundform V (Seite 25) anfangen. Die beiden unteren Ecken an den Hilfslinien . . .

2. . . . auf die obere Ecke falten.

3. Das gleiche auf der Rückseite wiederholen. An der Markierung vorfalten.

4. Rechten vorderen Flügel senkrecht hochheben.

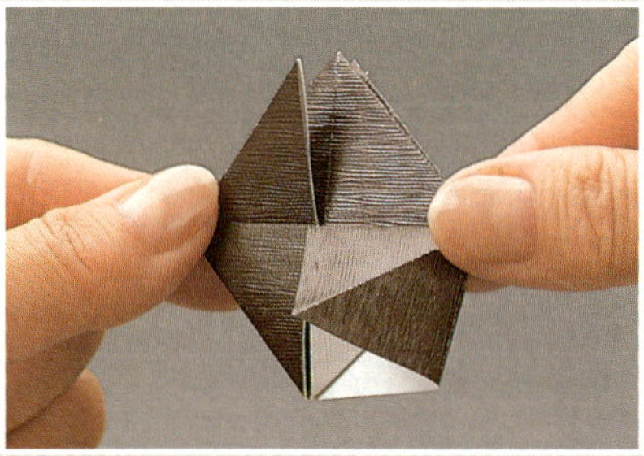

5. Die Falte öffnen und auseinanderdrücken.

6. Die Schritte 4 und 5 mit dem linken Flügel und den Flügeln auf der Rückseite wiederholen. An den gestrichelten Linien . . .

7. . . . die Außenkanten der vorderen Flügel nach hinten falten. An den Hilfslinien knicken.

8. Das kleine Rechteck auf der rechten Seite öffnen, die obere kurze Kante auf die rechte Kante nach innen drücken.

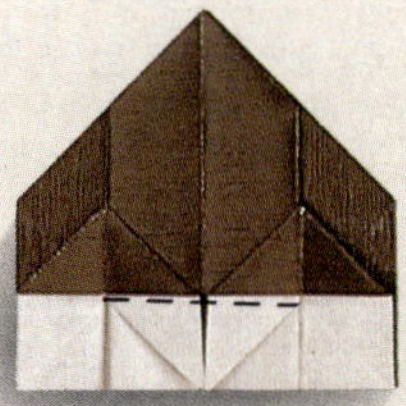

9. Das gleiche mit dem linken Flügel wiederholen. An der Markierung . . .

10. . . . das untere kleine Dreieck nach oben falten.
Das ist das Bauernhaus.

Adler im Gebirge

Adler

1. Mit Grundform V (Seite 25) beginnen. An der Hilfslinie knicken.

2. Rechten oberen Flügel senkrecht hochziehen.

3. Die Falte öffnen und den Flügel flach drücken, so daß die lange Kante auf der Mittellinie liegt.

4. Die Schritte 2 und 3 auf der Rückseite wiederholen. Die kurzen Kanten der Drachenfigur an den Markierungen . . .

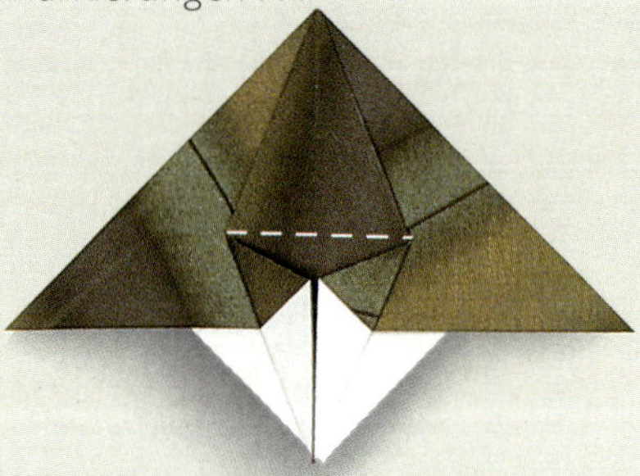

5. . . . auf die senkrechte Mittellinie falten. An der Markierung knicken.

6. Die beiden letzten Faltungen wieder entfalten. Den oberen Flügel langsam öffnen . . .

7. . . . die untere Spitze auf die obere Ecke ziehen . . .

8. . . . und die beiden Ecken auf die Mittellinie falten. Die Form umdrehen.

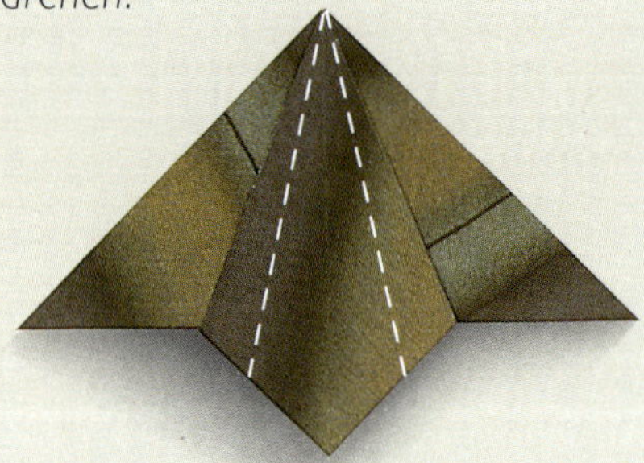

9. An den Hilfslinien die obere rechte und linke Kante der Drachenfigur . . .

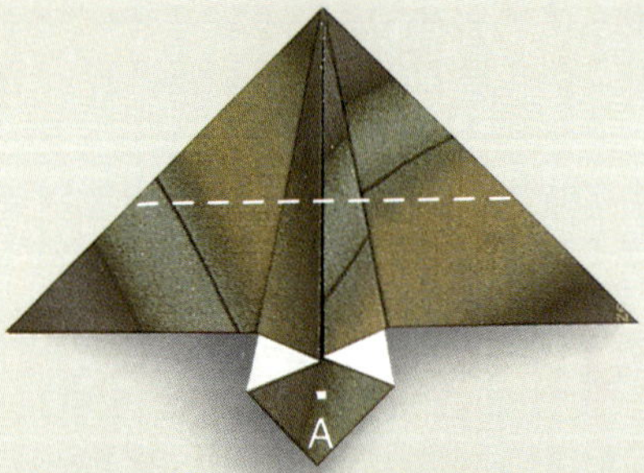

10. . . . auf die senkrechte Mittellinie falten. An der Markierung . . .

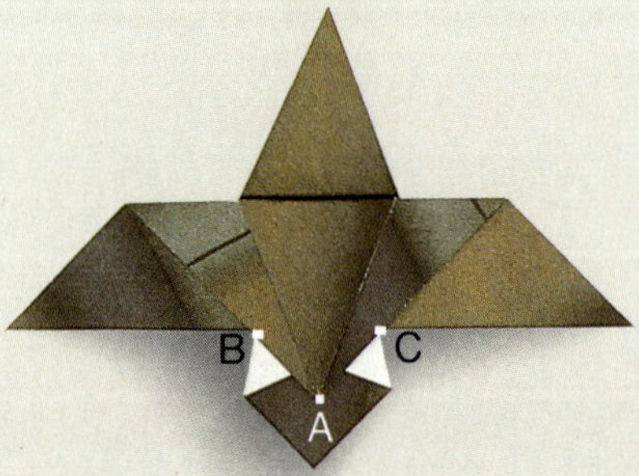

11. . . . die obere Spitze auf Punkt A falten. Die Punkte B und C . . .

12. . . . auf die Mittellinie bringen . . .

13. . . . und die oberen Kanten glattstreichen.

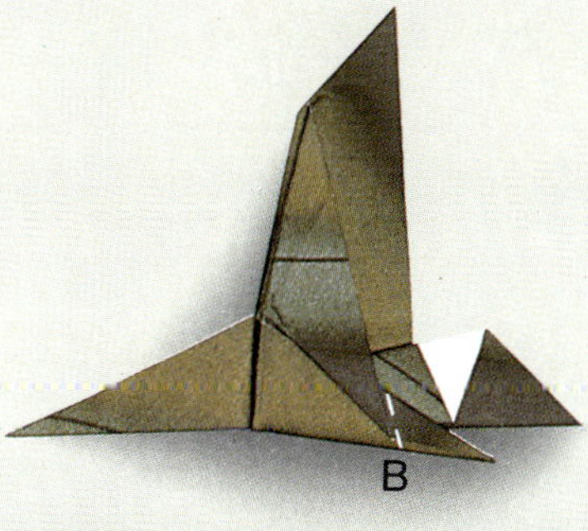

14. Die Form in der Mitte zusammenklappen. An der Hilfslinie knicken.

15. Die Spitze am Knick nach unten wenden.

16. An den Hilfslinien knicken.

17. Die linke Spitze etwas öffnen . . .

18. . . . und am Knick nach unten wenden.

19. Die rechte Spitze in gleicher Weise falten. An den Markierungen zwei parallele Knicke machen.

20. Die linke Spitze am ersten (1) Knick nach oben, am zweiten (2) . . .

21. . . . nach unten falten. Die Spitze noch mal nach unten ziehen.

22. Die untere Spitze an der Hilfslinie knicken.

23. Die Spitze leicht öffnen und am Knick nach rechts wenden.

GRUNDFORM VI

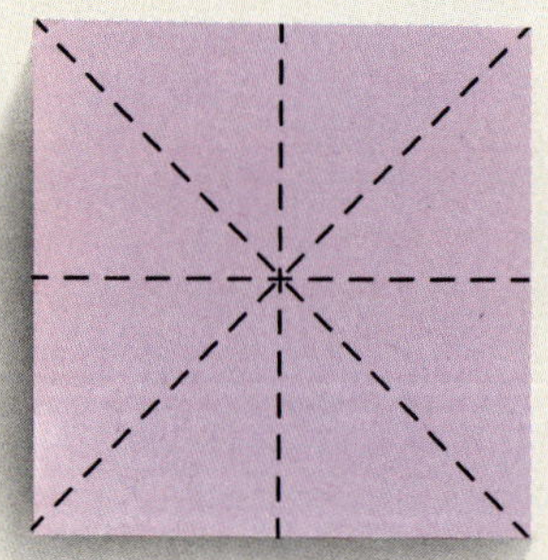

1. Ein quadratisches Blatt Papier wird an den gestrichelten Linien viermal in der Mitte gefaltet, so daß vier scharfe Knicke entstehen.

2. Diagonal in der Mitte falten. Die weiße Seite des Papiers bleibt innen.

3. Die rechte Hälfte des Papiers senkrecht hochziehen . . .

4. . . . öffnen und . . .

5. . . . flach drücken.

6. Die Falte feststreichen. Den linken Flügel . . .

7. . . . nach rechts falten.

8. Die Schritte 3—7 mit der linken Hälfte der Figur wiederholen.

9. Das ist Grundform VI.

Blüte

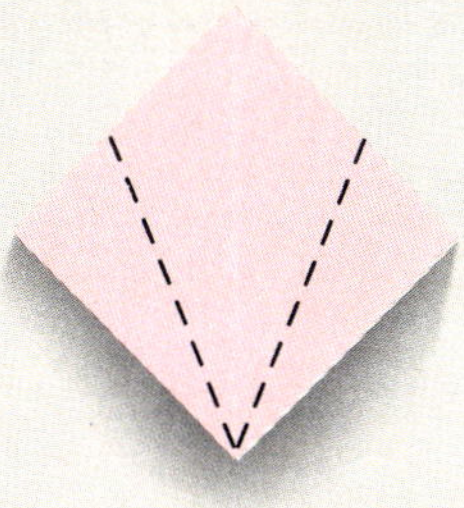

1. Mit Grundform VI beginnen. Die offene Ecke zeigt nach oben. An der Hilfslinie scharf knicken.

2. Den rechten vorderen Flügel senkrecht hochziehen . . .

3. . . . öffnen und auseinanderdrücken.

4. Den entstandenen kleinen linken Flügel . . .

5. . . . nach rechts falten.

6. Alle Arbeitsschritte mit dem großen linken Flügel und den beiden Flügeln auf der Rückseite wiederholen.

7. Auf jeder Seite der Form befinden sich jetzt vier Flügel.

8. Die Form in der Mitte zusammenklappen. An der Hilfslinie falten.

9. Den oberen Teil der Figur öffnen und die Blütenblätter von außen in der Mitte zusammendrücken.

10. Für eine Frühlingsdekoration werden mehrere Blüten an einem Zweig befestigt.

Glockenblume

Man benötigt zwei gleich große farbige Papiere A und B.

A: äußere Blätter

1. Papier A wie Grundform VI (Seite 30) falten. Die offene Ecke zeigt nach oben. An den Hilfslinien . . .

2. . . . rechte und linke vordere Ecke auf den Mittelpunkt falten.

3. Dasselbe auf der Rückseite wiederholen. Alle Faltungen rückgängig machen.

4. Die Form an der oberen Ecke etwas öffnen, und die linke Ecke an den Knicken . . .

5. . . . nach innen falten. Die Form feststreichen.

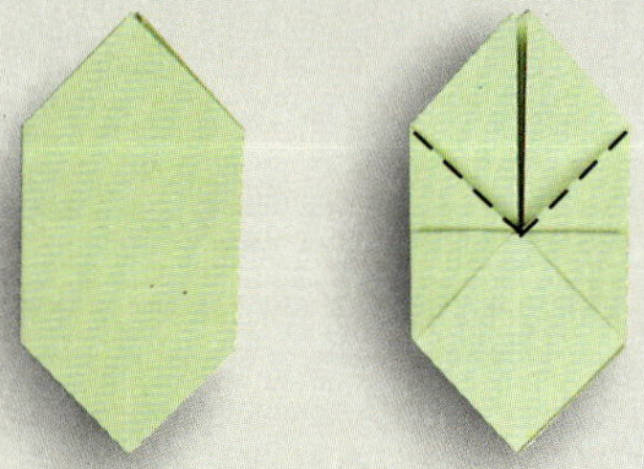

6. Das gleiche mit den anderen drei Ecken wiederholen. Die vordere Spitze auf die untere Spitze falten. An den Hilfslinien vorfalten.

7. Die linke Hälfte in der Mitte öffnen . . .

8. . . . und die obere linke Spitze am entstandenen Knick nach links falten, bis die Kante an der senkrechten Mittellinie auf der waagerechten Mittellinie liegt.

9. Das gleiche mit dem rechten Flügel wiederholen.

10. Die vordere untere Spitze wieder auf die obere Spitze zurückfalten.

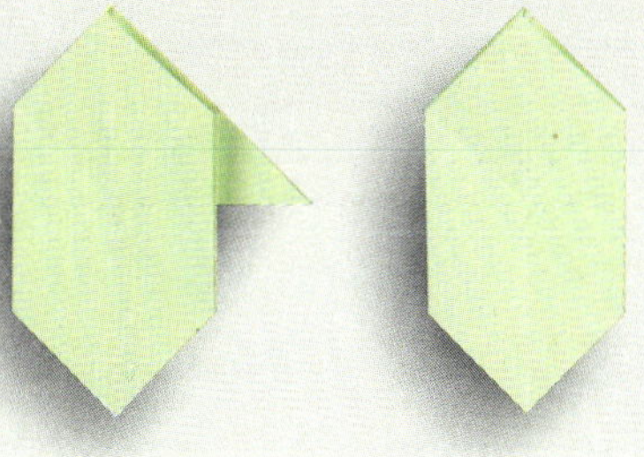

11. Den linken vorderen Flügel nach rechts klappen; auf der Rückseite wiederholen.

12. Die Schritte 6–9 wiederholen. Die untere Spitze an der Hilfslinie abschneiden.

13. Das sind die äußeren Blütenblätter der Glockenblume.

B: innere Blätter

1. Papier B wie Papier A bis Schritt 6 falten.

2. Form B mit den offenen Spitzen in Form A schieben . . .

3. . . . so daß die nach innen gedrückten vier kleinen Ecken von Form A in die vier kleinen Ecken von Form B passen.

4. Einen weichen Draht mit grünem Kreppapier umwickeln und die Blüte daran befestigen.

Kleeblatt

1. Ausgangspunkt ist Schritt 3 der Glockenblume (äußere Blätter). Die rechte und linke untere . . .

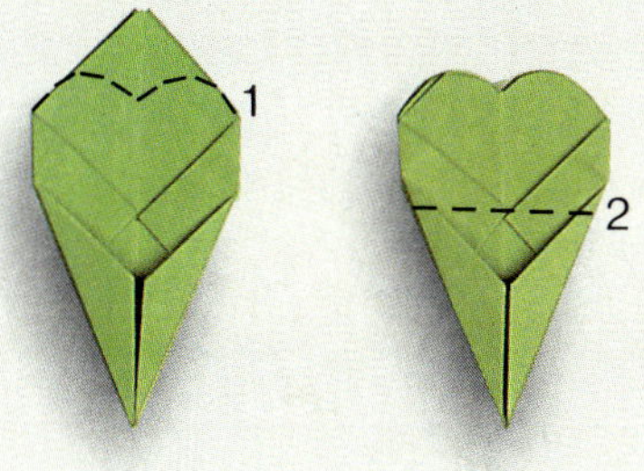

2. . . . Kante der Vorderseite auf die senkrechte Mittellinie falten. Das gleiche auf der Rückseite wiederholen. An der ersten (1) Hilfslinie abschneiden, an der zweiten (2) Hilfslinie vorfalten.

3. Den oberen Teil der Figur öffnen. Das Kleeblatt ist fertig.

Stiefmütterchen

Blüte:

1. Mit Arbeitsschritt 7 der Blüte (Seite 31) beginnen. An der Hilfslinie . . .

2.. . . . die obere Spitze des vorderen Flügels nach innen falten.

3. Die Form in der Mitte zusammenklappen. An der Markierung falten.

4. Den oberen Teil der Figur öffnen. Die drei Spitzen etwas nach hinten falten.

Blatt:

1. Ein quadratisches Blatt Papier an den Hilfslinien . . .

2. . . . wie eine Ziehharmonika falten. Die Form in der Mitte zusammenklappen.

3. Die Form in der Mitte halten und beide Seiten öffnen.

Schnecke

Ein dünnes, großes, quadratisches Blatt Papier verwenden (Kantenlänge etwa 15 cm).
1. Ausgangsform ist Schritt 7 der Blüte (Seite 31).

2. Die oberen kurzen Kanten auf die senkrechte Mittellinie falten. An der gestrichelten Linie knicken.

3. Letzte Faltungen wieder entfalten. Die obere Spitze des vorderen Flügels langsam öffnen . . .

1. . . . und bis zur unteren Spitze ziehen. Gleichzeitig die rechte und linke Ecke auf die Mittellinie drücken. Die Falten feststreichen.

5. Die untere Spitze an der Markierung . . .

6. . . . wieder nach oben legen. Die obere Spitze an der Hilfslinie . . .

7. . . . nach unten falten. An den Markierungen die rechte und linke Kante des vorderen Dreiecks . . .

8. . . . auf die senkrechte Mittellinie falten. Die entstehenden kleinen Dreiecke flach drücken.

9. Die rechte Hälfte der Rhombusform . . .

10. . . . nach links falten. An den Markierungen . . .

11. . . . die rechte obere Kante des vorderen Flügels dreimal nach links falten.

12. Die entstandene Kante muß genau auf der senkrechten Mittellinie liegen. Den entstandenen schmalen rechten Flügel nach . . .

13. . . . links falten. Den großen rechten Flügel ebenfalls nach . . .

14. . . . links falten. Die obere rechte und linke Kante an den Hilfslinien . . .

15. . . . wie in Arbeitsschritt 11 gezeigt dreimal falten, so daß die entstandenen Kanten auf der senkrechten Mittellinie liegen. Die vier Flügel der linken Hälfte . . .

16. . . . nach rechts falten.

17. Die Arbeitsschritte 10–15 auf der linken Seite wiederholen. (Alle Angaben, die sich auf rechts oder links beziehen, sind natürlich umzukehren). Die drei Flügel, die auf der rechten Seite sind . . .

18. . . . nach links falten. An den Hilfslinien . . .

19. . . . die obere rechte Spitze nach links, die linke Spitze nach rechts falten. An den Markierungen . . .

20. . . . die obere hintenliegende Spitze nach unten falten und unter den unteren Fühler stecken, so daß die Schnecke ihren Kopf erhält.

21. Die Figur umdrehen.

22. Die Figur an der Markierung (in der Mitte) vorfalten. Die rechte und linke Ecke an den Hilfslinien nach hinten falten.

23. Die Falten vorsichtig auseinanderziehen . . .

24. . . . und das Schneckenhaus runden.

Kappe

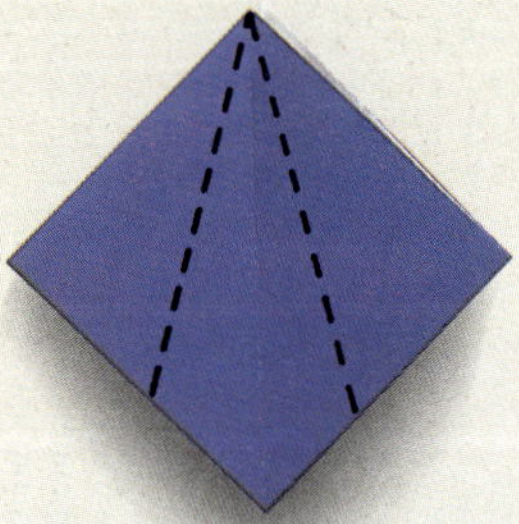

1. Ausgangsform ist Grundform VI (Seite 30). Die offene Spitze zeigt nach oben. An den Hilfslinien die . . .

2. . . . oberen Kanten des vorderen Flügels aufeinanderfalten.

3. Die Falten wieder öffnen. Den linken Teil des linken Flügels . . .

4. . . . senkrecht hochheben, die Falten öffnen und auseinanderdrücken.

5. Den rechten Teil des rechten Flügels senkrecht hochheben, die Falte öffnen und auseinanderdrücken. An der ersten (1) Markierung die obere vordere Spitze . . .

6. . . . nach unten falten. An der zweiten (2) nach innen umschlagen.

7. Die Schritte 2–6 auf der Rückseite wiederholen.

8. Die beiden oberen Spitzen auseinanderziehen, die Form öffnen.

9. Eine Spitze an der Markierung mehrere Male nach unten falten.

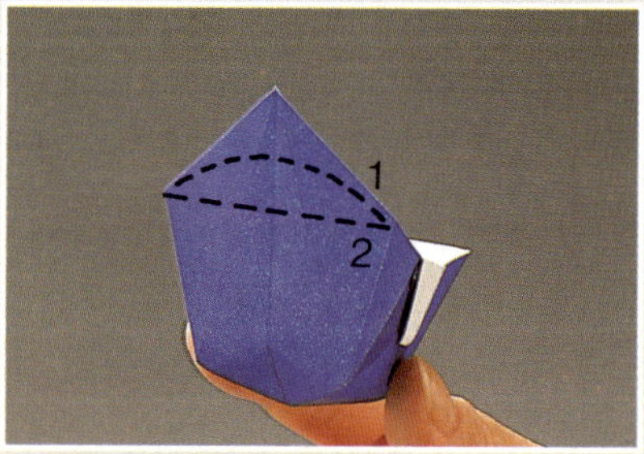

10. Die andere Spitze an der ersten (1) Hilfslinie abschneiden, an der zweiten (2) knicken.

11. Die Kappe formen.

Feuerspeiende Drachen

GRUNDFORM VII

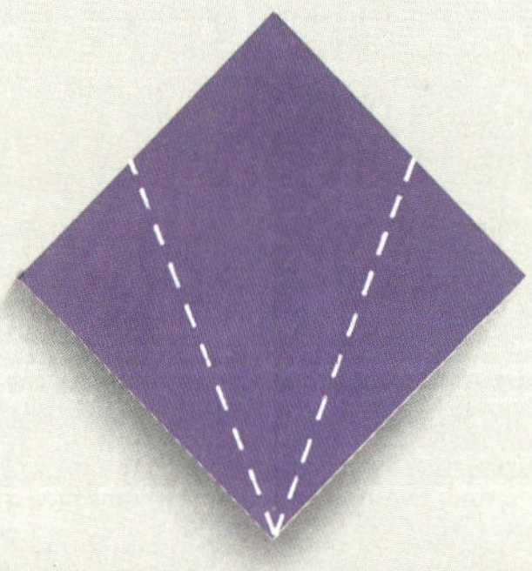

1. Mit Grundform VI (Seite 30) anfangen. Die offene Ecke zeigt nach unten. An den gestrichelten Linien . . .

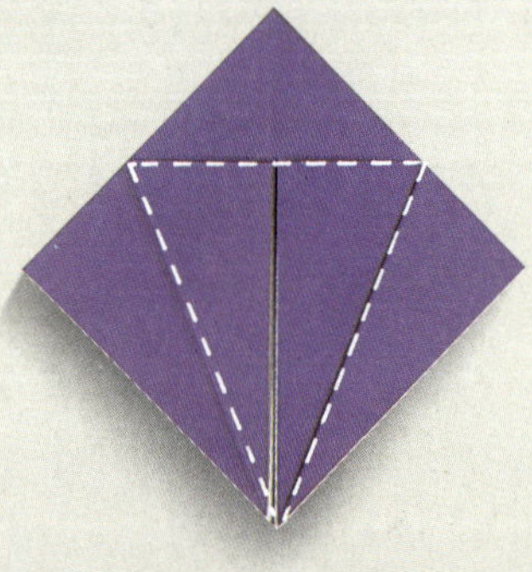

2. . . . die rechte und linke untere Kante des oberen Flügels auf die senkrechte Mittellinie falten. An der Markierung . . .

3. . . . die obere Ecke nach unten falten.

4. Die letzten drei Faltungen wieder rückgängig machen.

5. Den oberen Flügel der unteren Ecke langsam öffnen.

6. Die untere Ecke soweit wie möglich hochziehen . . .

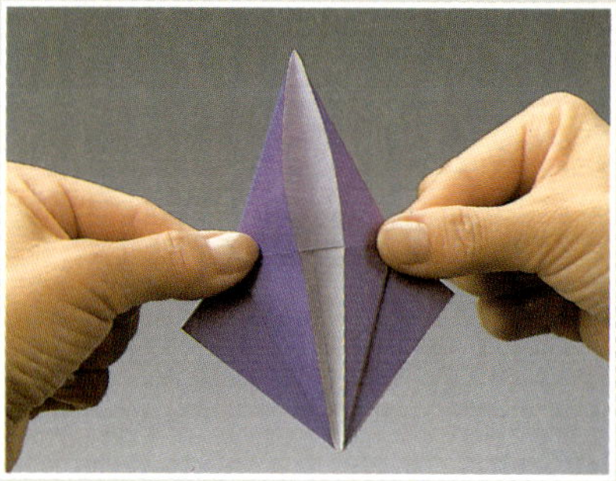

7. . . . nun rechte und linke Ecke der Drachenfigur nach innen auf die senkrechte Mittellinie drücken.

8. Die Faltung feststreichen und die Form umdrehen. Das gleiche ab Arbeitsschritt 2 auf dieser Seite wiederholen.

9. Grundform VII ist fertig.

Pferd

Man benötigt zwei gleich große quadratische Papiere.

Vorderteil:

1. Mit Grundform VII beginnen. Die offene Spitze zeigt nach unten. An den Hilfslinien vorfalten.

2. Die linke Hälfte der Form öffnen, die linke untere Spitze am Knick nach innen links wenden.

3. Das gleiche mit der rechten Hälfte der Form wiederholen. An den Markierungen knicken.

4. Die linke Hälfte der Form wieder öffnen, die linke Spitze am Knick halbieren.

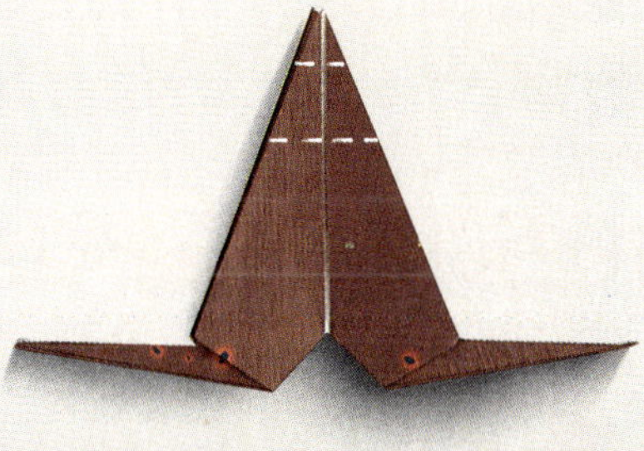

5. Das gleiche mit der rechten Spitze wiederholen; ebenso auf der Rückseite. An den gestrichelten Linien . . .

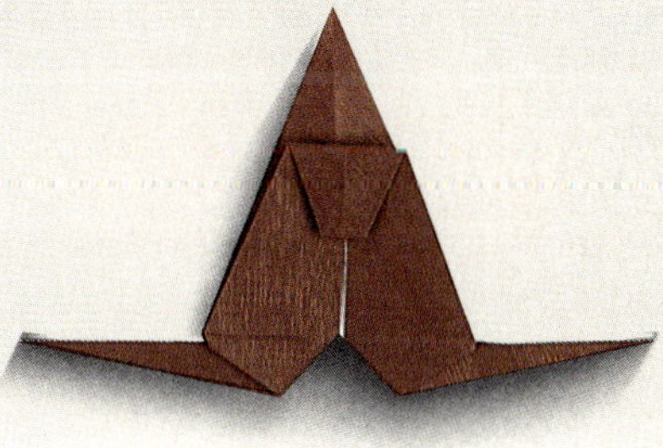

6. . . . die obere Spitze des vorderen Flügels zweimal nach unten falten.

7. Die Form in der Mitte zusammenklappen, so daß die heruntergefaltete Spitze außen bleibt.

8. Den Kopf des Pferdes nach links ziehen. An der Hilfslinie knicken.

9. Die obere Spitze öffnen und am entstandenen Knick nach rechts falten.

10. Die beiden oberen Ecken der Mähne nach unten falten.

11. Die rechte untere Spitze öffnen und am Knick nach unten falten.

12. An der Hilfslinie knicken.

13. Die untere Spitze öffnen, am Knick nach rechts falten.

14. Das gleiche mit dem zweiten Vorderbein wiederholen.

Hinterteil:

1. Das zweite Papier bis Schritt 3 des Vorderteils falten. An den Hilfslinien knicken.

2. Die linke Spitze öffnen und am Knick nach unten falten.

3. Das gleiche mit der rechten Spitze wiederholen. An der Markierung knikken.

4. Die linke Spitze am entstandenen Knick um $\frac{1}{3}$ der Breite umschlagen.

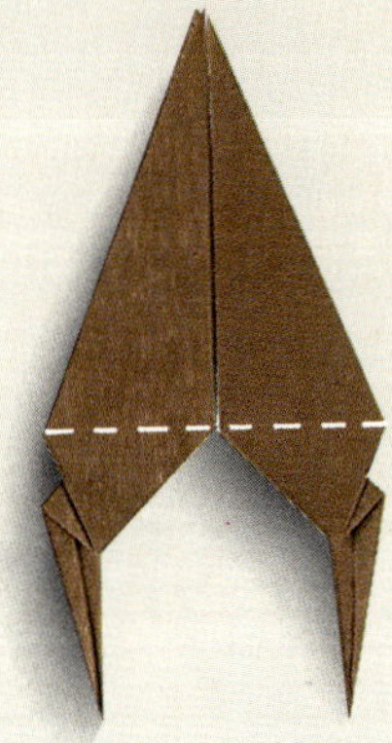

5. Das gleiche mit der rechten Spitze und auf der Rückseite wiederholen. An der gestrichelten Linie den vorderen Flügel . . .

6. . . . nach unten falten. An der Hilfslinie den hinteren Flügel . . .

7. . . . nach hinten falten. An den Markierungen knicken.

8. Die linke untere Spitze öffnen und am Knick nach links falten.

9. Das gleiche mit der rechten Spitze wiederholen.

10. Die Form in der Mitte zusammenklappen und quer hinlegen. An der gestrichelten Linie vorfalten.

11. Die rechte Spitze öffnen, am Knick nach unten falten.

12. An den Hilfslinien vorfalten.

13. Den vorderen Flügel leicht öffnen und die Ecke am Knick nach innen falten.

14. Das gleiche auf der Rückseite wiederholen.

15. Die rechte Seite der Form öffnen, die Spitze nach oben ziehen.

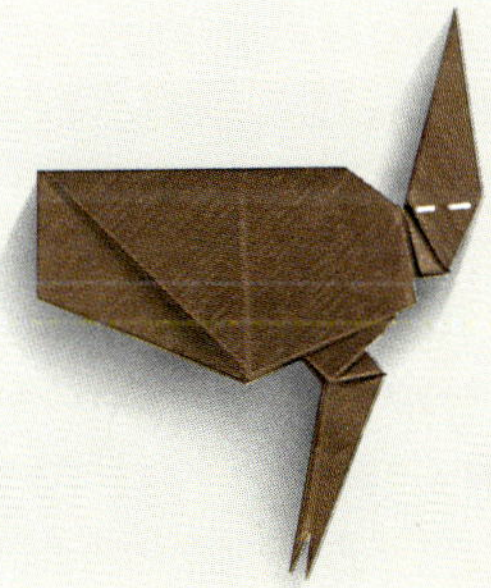

16. Die Form wieder zusammendrücken. An der Markierung vorfalten.

17. Den Schwanz öffnen, am Knick nach unten falten.

18. Die Falte feststreichen.

19. Den hinteren Teil in den vorderen Teil stecken und die Figur zusammenkleben.

20. Das Pferd auf die Beine stellen. Hüh!

Reiter

1. Mit Grundform VII (Seite 40) beginnen. Die offene Spitze zeigt nach unten. Die rechte untere Spitze auf die obere Spitze falten. An der Hilfslinie die linke Spitze knicken.

2. Die Spitze öffnen, am entstandenen Knick nach außen wenden.

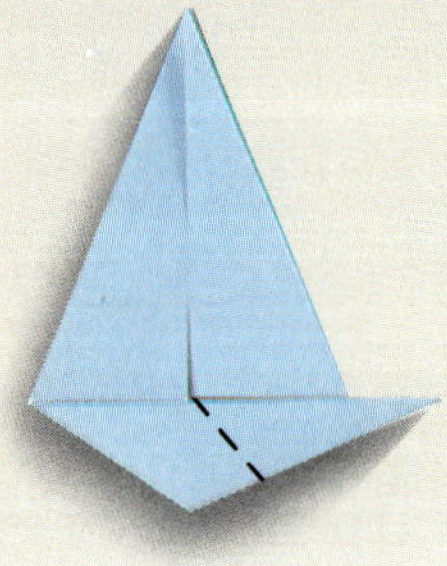

3. An der Markierung vorfalten.

4. Die Spitze öffnen, am entstandenen Knick nach außen wenden.

5. An der gestrichelten Linie knikken.

6. Die untere Spitze öffnen, am Knick nach außen wenden.

7. Die gefaltete Spitze an der Hilfslinie nach oben falten. Die rechte Spitze wieder nach unten falten.

8. Die Schritte 2—7 mit der rechten Spitze wiederholen. Die vorher gefaltete Spitze wieder nach unten falten. An der Markierung die obere Spitze aufschneiden. Die Form . . .

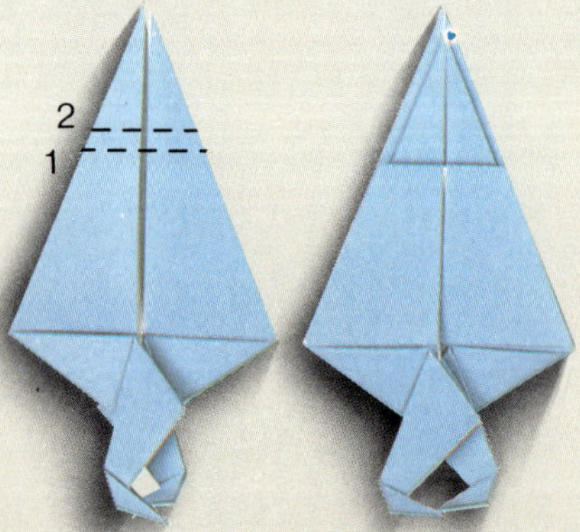

9. . . . umdrehen. An der ersten (1) Hilfslinie die obere Spitze nach hinten, an der zweiten (2) nach oben falten.

10. Die obere Spitze etwas öffnen. Die Falten flach drücken. An der Markierung nach unten falten.

11. Die Form in der Mitte zusammenklappen. An der Markierung die obere . . .

12. . . . vordere Spitze nach unten falten. An der Hilfslinie . . .

13. . . . den Arm halbieren.

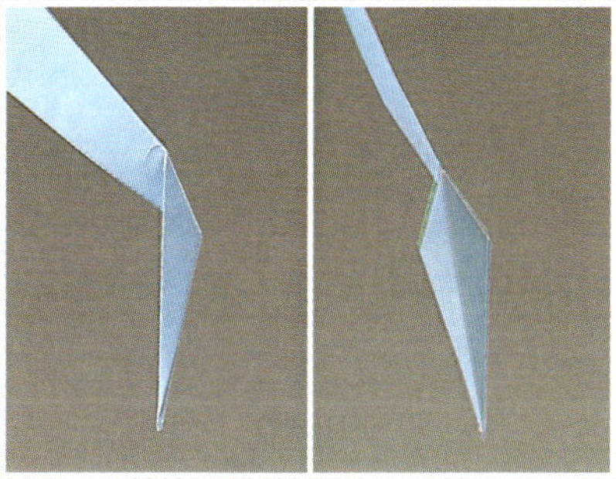

14. Die Spitze des Arms an der Markierung knicken. Den unteren Teil der Spitze bis zum Knick öffnen.

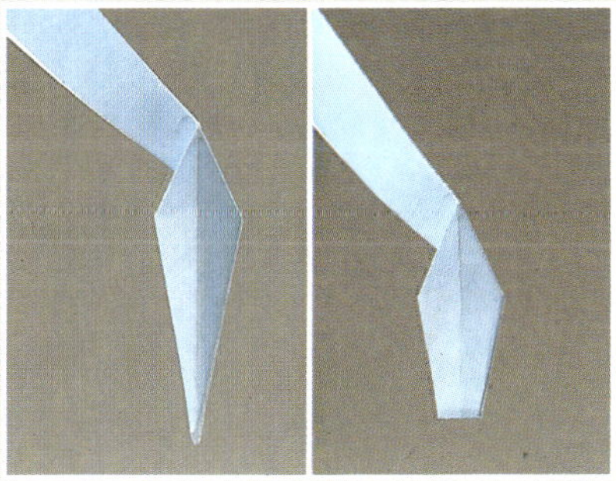

15. Die Spitze etwas nach links ziehen und flach drücken. Die Spitze nochmals nach innen falten.

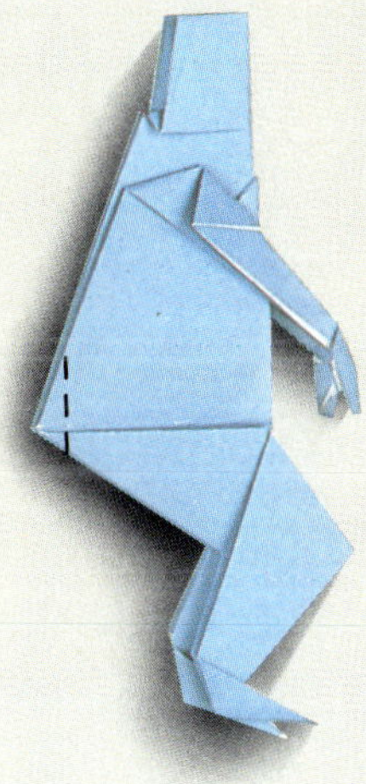

16. Auf der Rückseite das gleiche wiederholen. Die linke Ecke an der gestrichelten Linie von beiden Seiten nach innen falten.

17. Den Kopf leicht nach rechts ziehen.

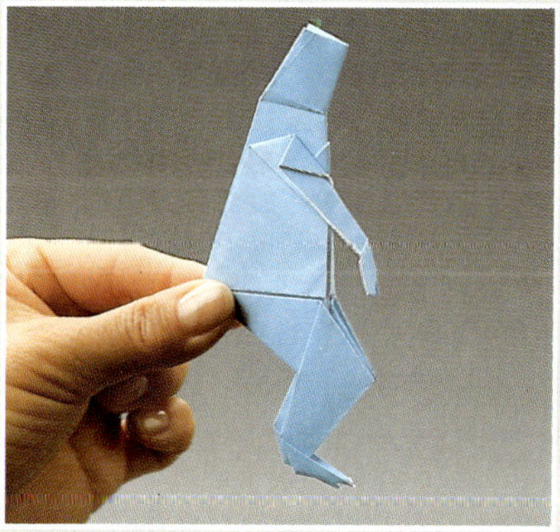

18. Dem Reiter eine Kappe aufziehen, und ihn aufs Pferd setzen.

Drache

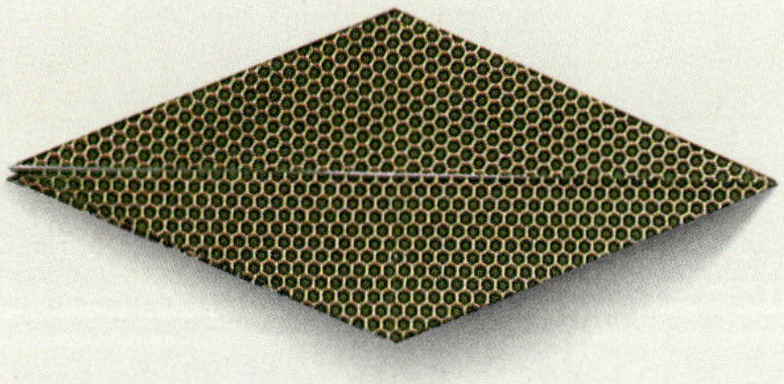

1. Mit Grundform VII (Seite 40) beginnen. Die offene Spitze zeigt nach rechts. Die beiden Spitzen, die auf der linken Seite liegen . . .

2. . . . auseinanderziehen, bis . . .

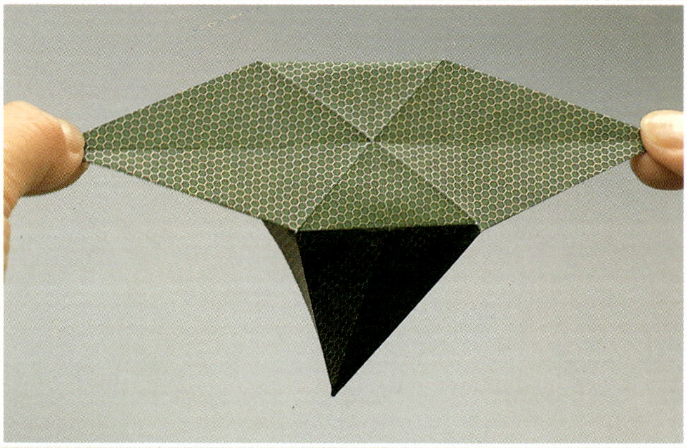

3. . . . das Papier ganz glatt ist.

4. Die Form umdrehen. An den Hilfslinien die beiden abstehenden Spitzen . . .

5. . . . in der Mitte zusammendrücken, bis nach unten zur Auflagefläche hin feststreichen . . .

6. . . . und nach rechts legen. An den Markierungen die beiden Kanten auf der rechten Seite . . .

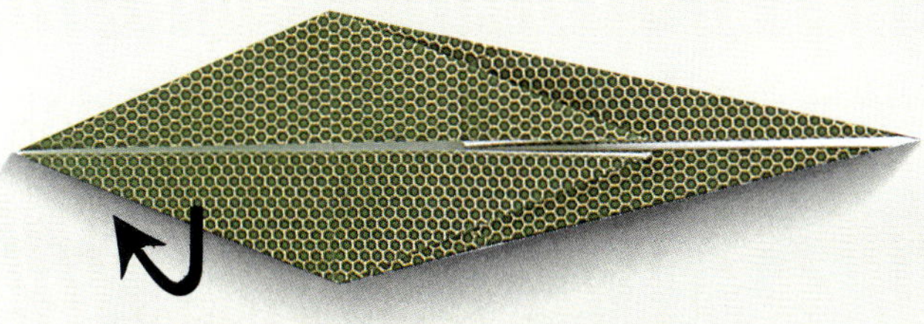

7. . . . nach hinten falten. Die untere Hälfte . . .

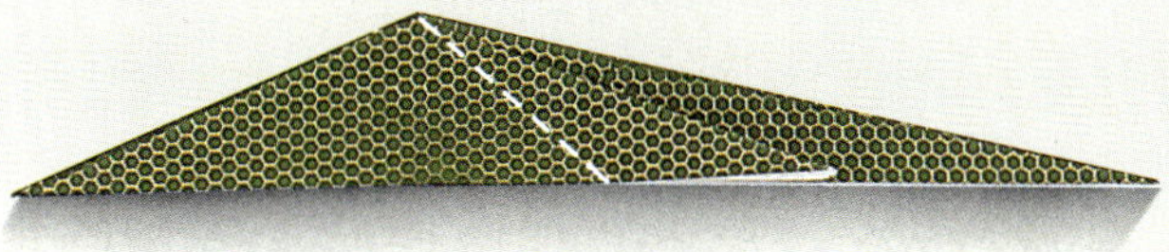

8. . . . der Form von hinten nach oben klappen. An der gestrichelten Linie knicken.

9. Die linke Spitze öffnen, am entstandenen Knick nach innen wenden.

10. An der Markierung die linke Spitze halbieren . . .

11. . . . dafür den vorderen linken Teil nach innen falten.

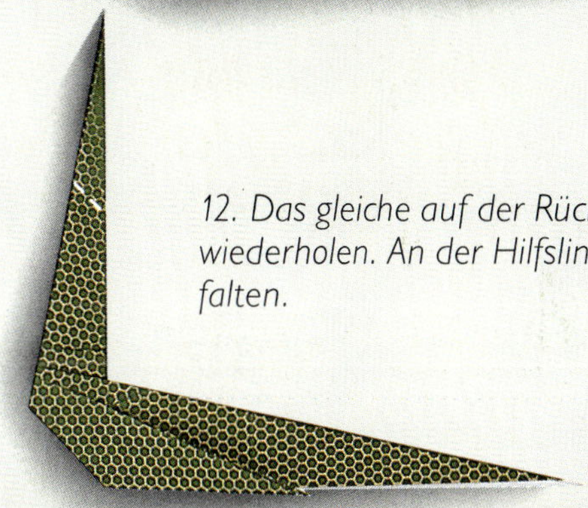

12. Das gleiche auf der Rückseite wiederholen. An der Hilfslinie vorfalten.

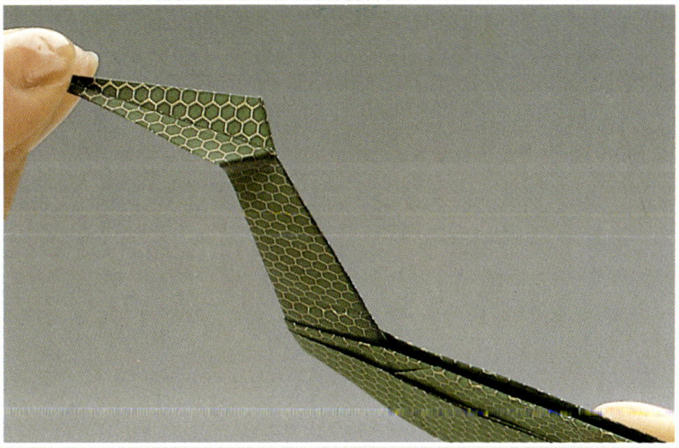

13. Die Spitze öffnen und am Knick nach links falten.

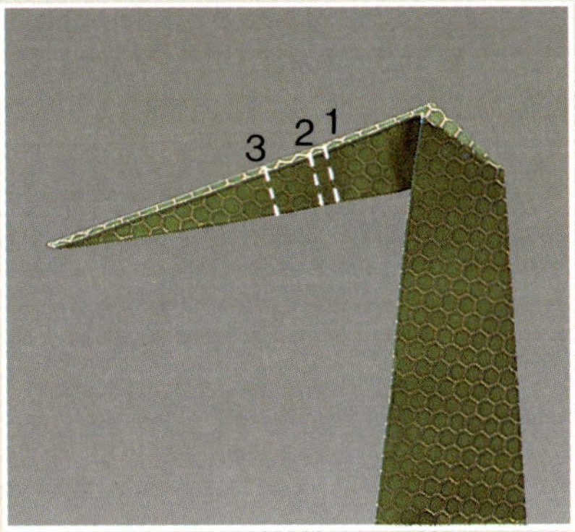

14. An den Hilfslinien knicken.

15. Die Spitze öffnen, am ersten (1) Knick nach rechts . . .

16. . . . am zweiten (2) Knick nach links . . .

17. . . . am dritten (3) Knick wieder nach rechts falten.

18. An den Markierungen knicken. Den Hals . . .

19. . . . am unteren Knick nach innen, am oberen nach außen falten.

20. An der Markierung die kleine Spitze in der Mitte . . .

21. . . . nach unten falten; auf der Rückseite wiederholen. An der Hilfslinie die rechte Spitze knicken.

22. Die rechte Spitze öffnen, am Knick nach oben wenden.

23. An den Markierungen vorfalten.

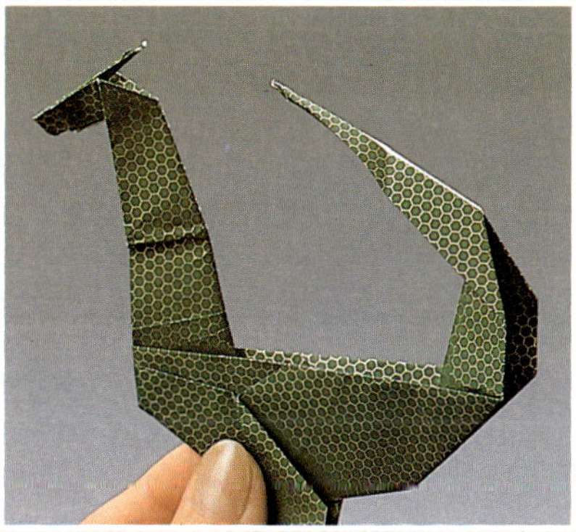

24. Die Spitze öffnen und am unteren Knick nach links außen . . .

25. . . . am oberen Knick nach oben wenden.

26. An den gestrichelten Linien die untere kleine Spitze vorfalten.

27. Die Spitze öffnen, am oberen Knick nach links . . .

28. . . . am unteren Knick nach unten wenden.

29. Das gleiche auf der Rückseite wiederholen.

30. Der Drache ist fertig.

Kuh

1. Man benötigt zwei quadratische Papiere, von denen eins ¼ der Größe des anderen haben sollte.

2. Das große Papier bis Schritt 8 von Grundform VII (Seite 40) falten. Die offene Spitze zeigt nach oben. Die Form umdrehen.

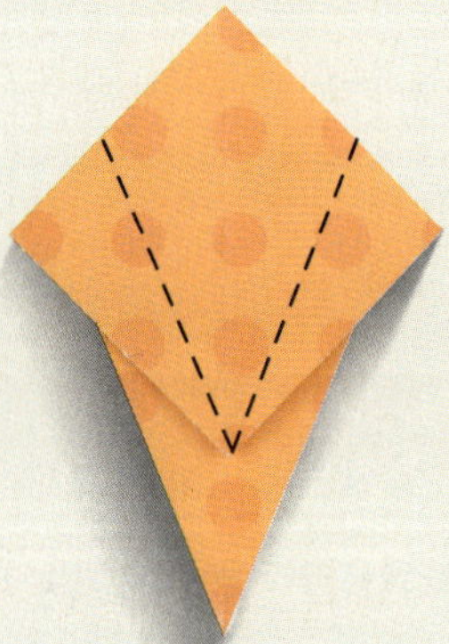

3. An den Hilfslinien scharf knicken.

4. Den linken vorderen Flügel senkrecht hochziehen . . .

5. . . . und auseinanderdrücken. Die linke Außenkante liegt nun auf der senkrechten Mittellinie.

6. Die Form an der Markierung knicken. Rechte und linke obere Kante auf die senkrechte Mittellinie falten.

7. Die Faltung wieder rückgängig machen. Die Form etwas öffnen, und die Ecken an den entstandenen Knicken nach innen . . .

8. . . . auf die Mittellinie drücken. Das kleine Dreieck nach oben falten. Den kleinen rechten Flügel . . .

9. . . . nach links falten. Die Schritte 3—7 mit der rechten Seite wiederholen. Am Ende aber den kleinen linken Flügel nach rechts falten. Die Form umdrehen . . .

10. . . . und quer hinlegen. Die offenen Spitzen zeigen nach links. An der Markierung . . .

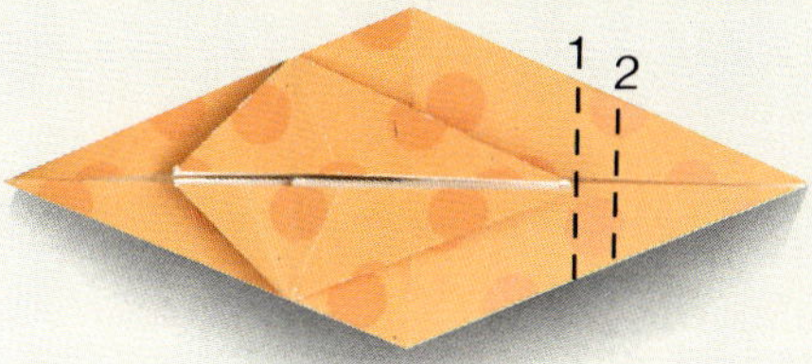

11. . . . die beiden obenliegenden linken Spitzen nach rechts klappen. An der ersten (1) Hilfslinie die rechte Spitze . . .

12. . . . nach hinten, an der zweiten (2) wieder nach vorne falten.

13. Die Form in der Mitte zusammenklappen, indem man die obere Hälfte nach hinten umschlägt.

14. Den vorderen Flügel öffnen.

15. Die kleine linke Spitze am Knick nach außen wenden.

16. Die Form wieder zusammenklappen.

17. Die rechte mittlere Spitze am Knick (vgl. Schritt 13) nach innen wenden.

18. Die Faltung feststreichen. An der Markierung . . .

19. . . . die rechte untere Ecke ein Stück nach vorne falten.

20. Die Schritte 13—19 auf der Rückseite wiederholen. An den gestrichelten Linien vorfalten. Am ersten (1) Knick . . .

21. . . . die linke Spitze nach außen rechts . . .

22. . . . am zweiten (2) nach innen links falten.

23. Die Falten feststreichen. An den Hilfslinien . . .

24. . . . die linke Spitze nach oben rollen.

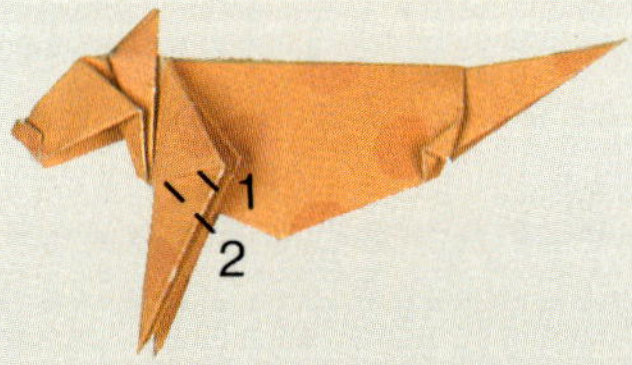

25. Die Form wieder zusammenklappen. An den Markierungen knicken.

26. Das Vorderbein am ersten (1) Knick nach innen . . .

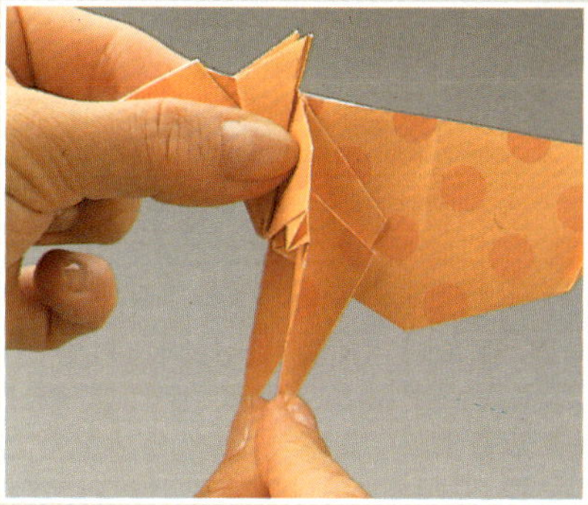

27. . . . am zweiten (2) Knick nach außen falten.

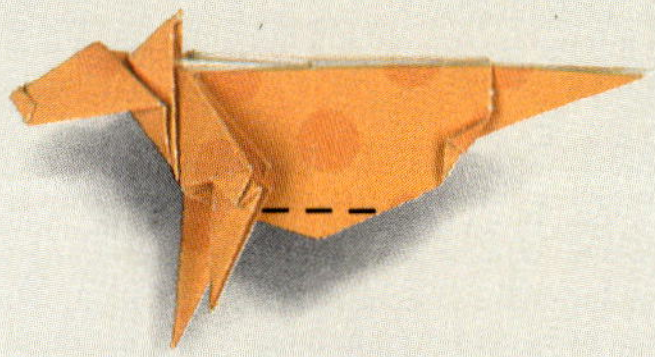

28. Die Falten feststreichen. An der gestrichelten Linie . . .

29. . . . die untere Ecke nach innen falten.

30. Die Schritte 25—29 auf der Rückseite wiederholen.

31. Für die Hinterbeine wird das kleine Papier B verwendet. An der Markierung vorfalten.

32. Rechte und linke Kante auf die Diagonale falten.

33. Obere und untere Kante ebenfalls auf die Diagonale falten.

34. Die Form an der Diagonalen zusammenklappen. Die Faltungen bleiben innen.

35. Form B um Form A kleben.

36. An den Markierungen knicken.

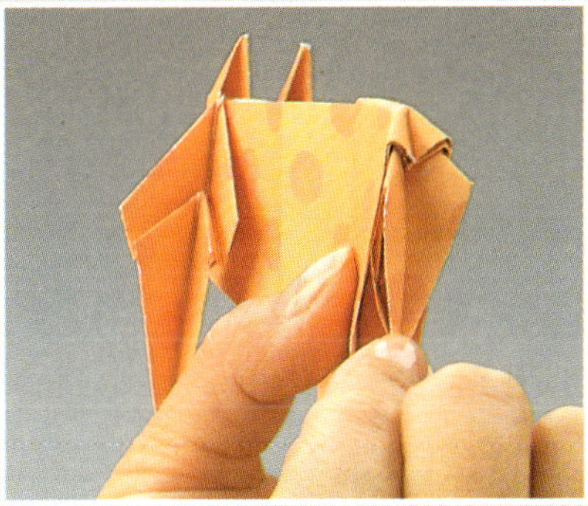

37. Die rechte Spitze öffnen und am ersten (1) Knick nach innen falten.

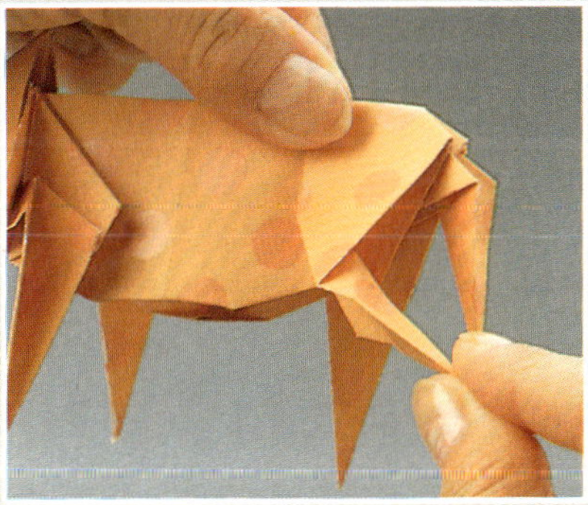

38. Das Hinterbein öffnen, am zweiten (2) Knick nach innen . . .

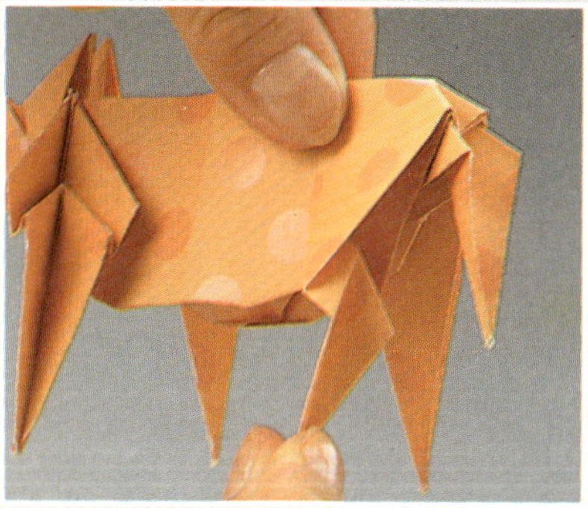

39. . . . am dritten (3) nach außen falten.

40. Das gleiche auf der Rückseite wiederholen. An der Hilfslinie . . .

41. . . . von beiden Seiten den Schwanz falten.

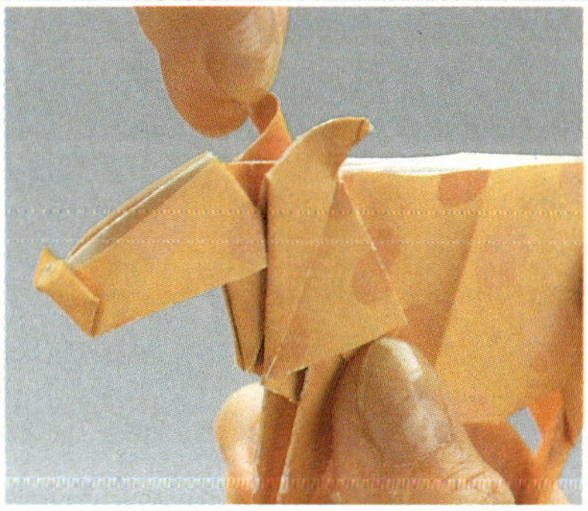

42. Die Hörner formen.

Hühnerfamilie

GRUNDFORM VIII

1. Ein quadratisches Blatt Papier zweimal diagonal in der Mitte vorfalten. An den Hilfslinien die unteren Kanten auf die ...

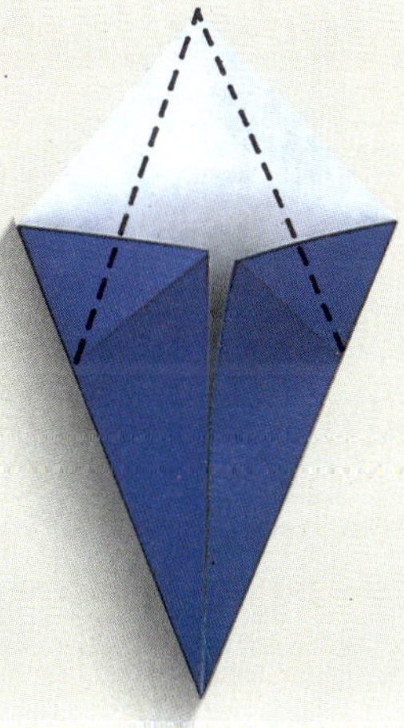

2. ... senkrechte Mittellinie falten; die weiße Seite des Papiers bleibt innen. An den Markierungen ...

3. ... die oberen Kanten auf die senkrechte Mittellinie falten.

4. Die Form in der Mitte zusammenklappen.

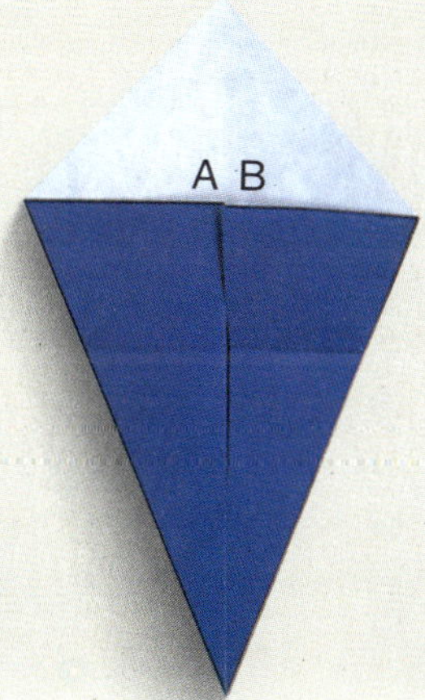

5. Die letzten Faltungen rückgängig machen. Die Ecke A ...

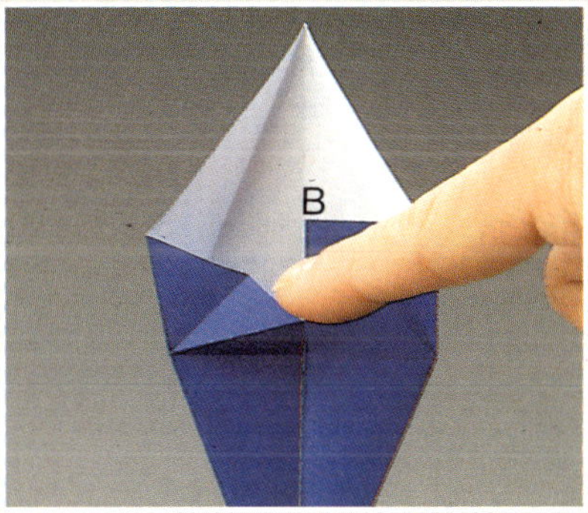

6. ... hochheben ...

7. ... nach unten ziehen und mit Hilfe der Knicke nach unten falten.

8. Das gleiche mit Ecke B wiederholen. Das ist Grundform VIII.

Küken

1. Mit Grundform VIII (Seite 55) beginnen. Die Spitzen der kleinen Flügel zeigen nach rechts.

2. Die Form in der Mitte zusammenklappen; die offenen Kanten sind oben. An der Hilfslinie knicken.

3. Die Form von unten öffnen.

4. Die linke Spitze etwas öffnen, am Knick nach rechts falten.

5. An der Markierung vorfalten.

6. Die obere Spitze etwas öffnen, am Knick nach links falten.

7. An den Hilfslinien knicken.

8. Die linke Spitze am ersten (1) Knick nach innen, am zweiten (2) nach außen falten.

9. Die kleinen Flügel an den Hilfslinien . . .

10. . . . nach links umschlagen und an der gestrichelten Linie . . .

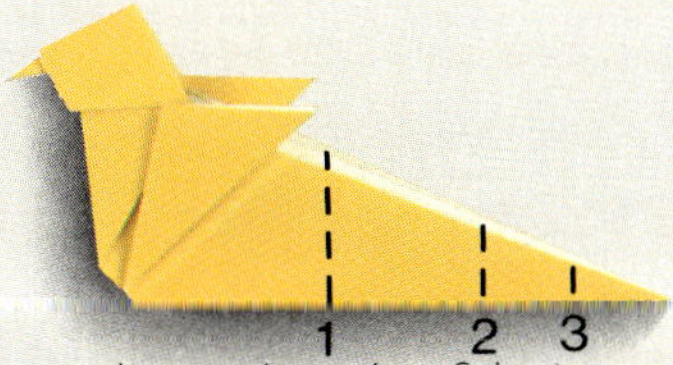

11. . . . wieder nach rechts falten. Das sind die Flügel des Kükens. An den Markierungen knicken.

12. Die rechte Spitze am ersten (1) Knick nach innen links . . .

13. . . . am zweiten (2) Knick wieder nach rechts . . .

14. . . . am dritten (3) Knick wieder nach links falten. Das ist der Fuß.

15. An der Markierung . . .

16. . . . die rechte untere Ecke nach innen drücken; auf der Rückseite desgleichen.

17. Das ist das fertige Küken.

Hahn

1. Mit Grundform VIII (Seite 55) anfangen. Die Spitzen der kleinen Flügel zeigen nach rechts.

2. Die Form in der Mitte zusammenklappen. Die geschlossene Seite der Form ist innen. An der Hilfslinie vorfalten.

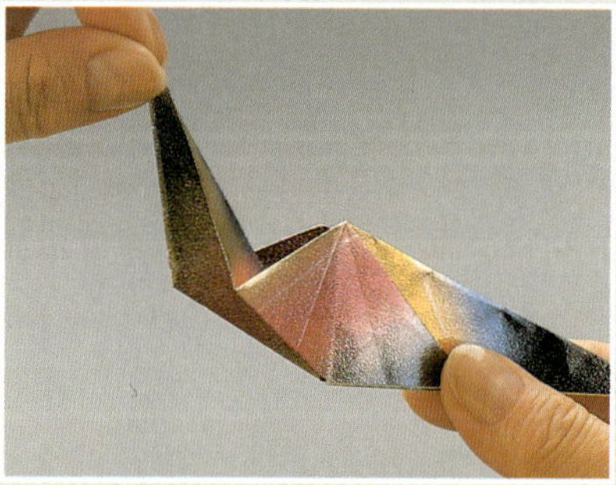

3. Die linke Spitze öffnen, am Knick nach oben wenden.

4. An den Markierungen viermal knicken.

5. Die Spitze öffnen, am ersten (1) Knick nach unten . . .

6. . . . am zweiten (2) nach oben . . .

7. . . . am dritten (3) Knick wieder nach unten falten.

8. Am vierten (4) Knick die Spitze nach links ziehen.

9. An der gestrichelten Linie . . .

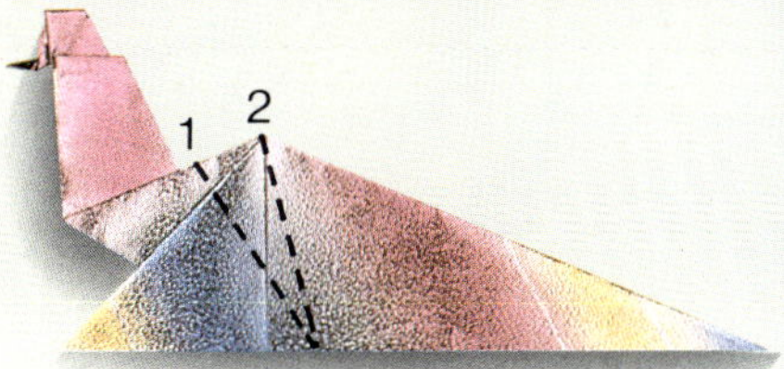

10. . . . die kleinen Flügel auf der Vorder- und Rückseite nach links legen. An den Hilfslinien knicken.

11. Den Rücken am ersten (1) Knick nach links, am zweiten (2) nach rechts falten.

12. An der Markierung vorfalten.

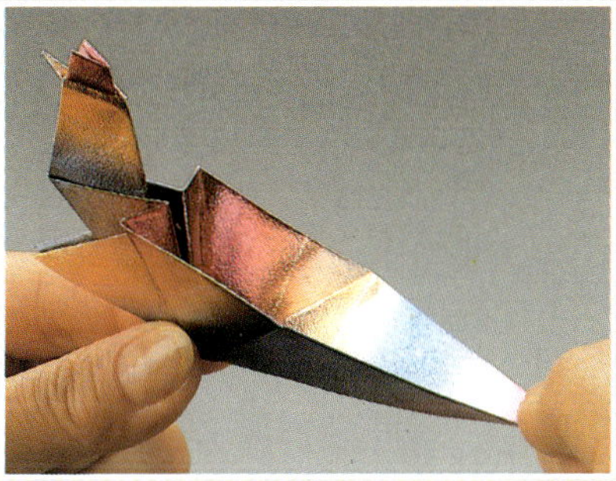

13. Die rechte Spitze öffnen . . .

14. . . . am Knick nach innen falten.

15. An den Hilfslinien knicken.

16. Die Spitze wieder öffnen, am ersten (1) Knick nach rechts innen . . .

17. . . . am zweiten (2) Knick nach unten falten.

18. An der Markierung . . .

19. . . . die rechte Ecke A nach links falten. Das gleiche auf der Rückseite wiederholen.

20. Der Hahn ist fertig.

Hund

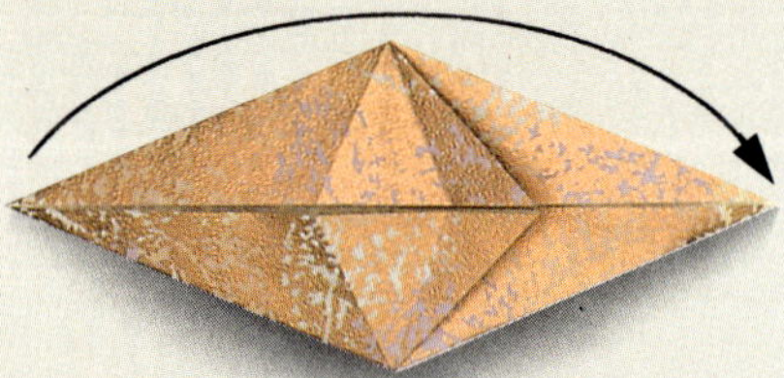

1. Ausgangsform ist Grundform VIII (Seite 55). Die große linke Spitze nach hinten umschlagen, gleichzeitig die kleinen Spitzen in der Mitte . . .

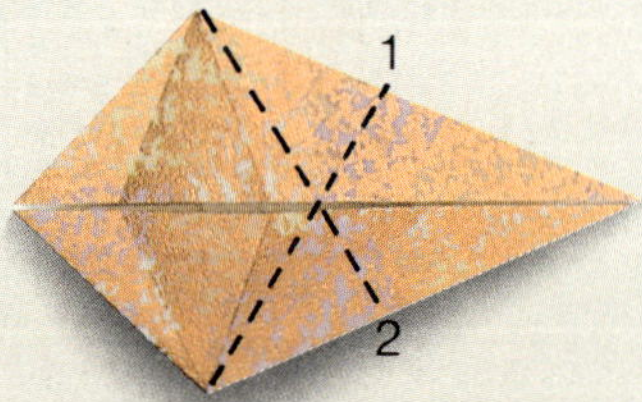

2. . . . nach links legen. An der ersten (1) Hilfslinie . . .

3. . . . die rechte Spitze nach oben vorfalten.

4. . . . an der zweiten (2) Hilfslinie die rechte Spitze nach unten vorfalten.

5. Nun die rechte Spitze hochheben, an den Knicken in der Mitte zusammendrücken . . .

6. . . . und nach unten falten. Die Form umdrehen.

7. An den Markierungen . . .

8. . . . die beiden Kanten auf der linken Seite auf die waagerechte Mittellinie falten. die Form in der Mitte zusammenklappen.

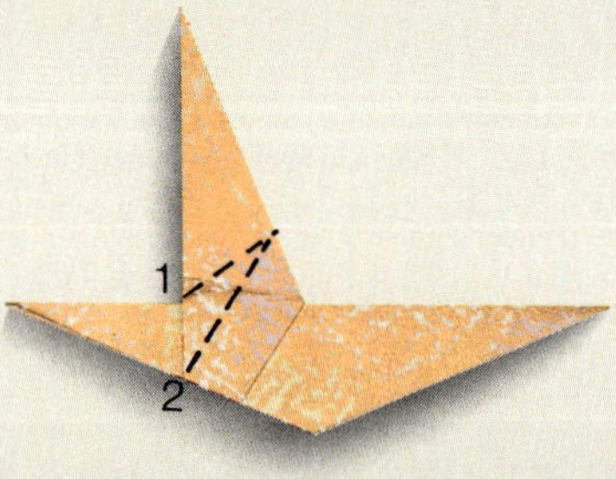

9. An den gestrichelten Linien vorfalten.

10. Die obere Spitze am ersten (1) Knick nach rechts, am zweiten (2) nach links falten.

11. An den Hilfslinien knicken.

12. Die obere Spitze am ersten (1) Knick nach innen, am zweiten (2) nach außen falten.

13. Am dritten (3) Knick (Schritt 11) die Spitze nochmals nach innen falten.

14. Die Form von unten öffnen und an den Markierungen knicken.

15. Die beiden linken Spitzen an den Knicken nach unten falten und gleichzeitig die Form wieder zusammenklappen.

16. An der Hilfslinie vorfalten.

17. Die rechte Spitze öffnen, am Knick nach unten falten.

18. An den Hilfslinien knicken.

19. Die rechte Spitze öffnen, am ersten (1) Knick nach oben falten.

20. Am zweiten (2) Knick (Schritt 18) die Spitzen der Vorderbeine nach innen falten.

21. An den Markierungen die kleinen unteren Ecken auf beiden Seiten . . .

22. . . . nach innen falten. Der Hund ist fertig.

Korb

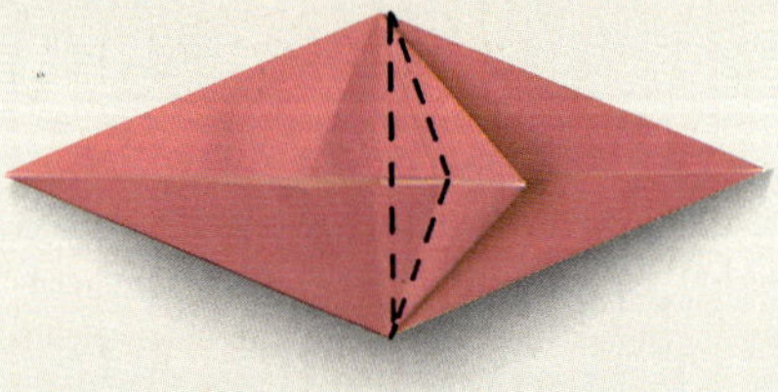

1. Mit Grundform VIII (Seite 55) beginnen. Die Spitzen der kleinen Flügel zeigen nach rechts. An den Hilfslinien knicken.

2. Die obere Spitze des kleinen Dreiecks senkrecht hochheben, öffnen . . .

3. . . . und flach drücken. An der Markierung die untere Spitze der entstandenen Drachenfigur . . .

4. . . . nach innen falten. An der Hilfslinie die linke Spitze . . .

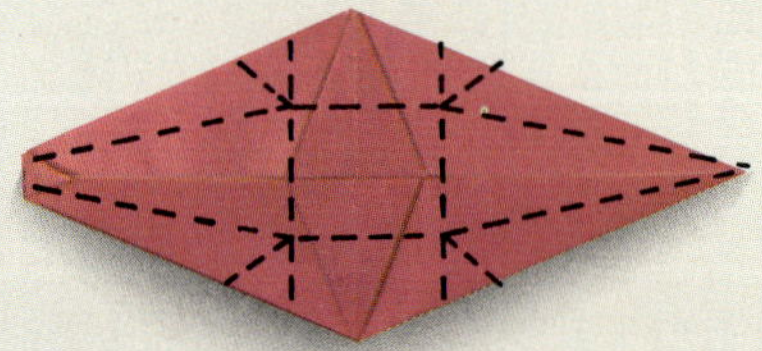

5. . . . nach rechts falten. Die Schritte 2—4 mit der unteren Spitze des kleinen Flügels wiederholen. An den Hilfslinien vorsichtig knicken.

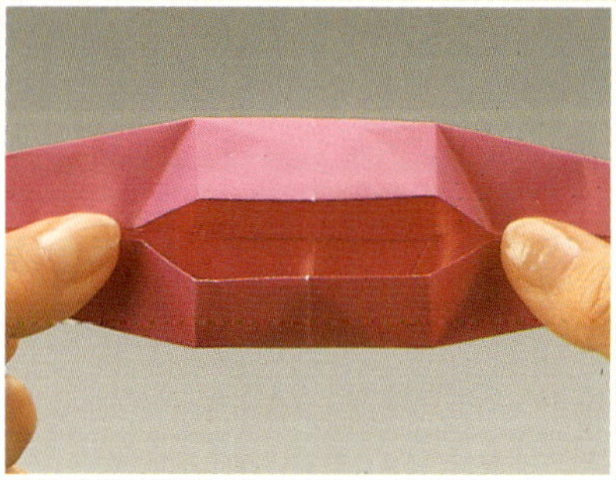

6. Obere und untere Kanten an den Knicken auf die waagerechte Mittellinie falten.

7. Die Form umdrehen und dem Boden an den Knicken eine rechteckige Form geben.

8. Die Ecken an den vorgegebenen Knicken zusammendrücken.

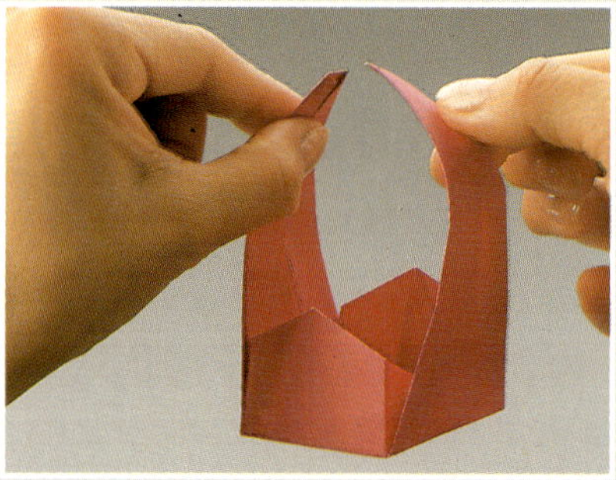

9. Die Enden hochheben, die rechte Spitze in die linke Spitze stecken.

FIGUREN AUS VERSCHIEDENEN FORMEN

Cowboy-Hut

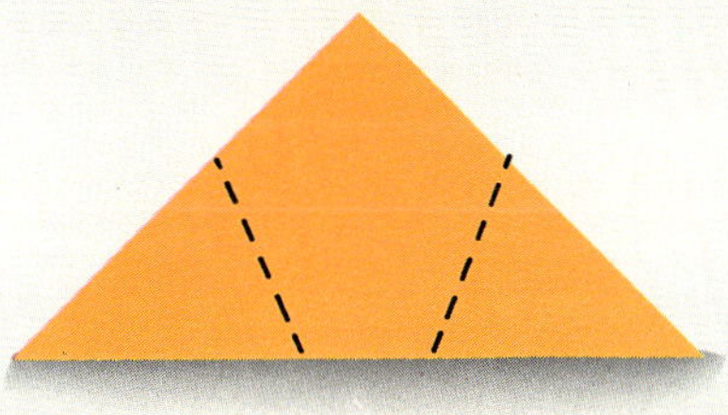

1. Ein quadratisches Blatt Papier diagonal in der Mitte falten. An den gestrichelten Linien . . .

2. . . . zuerst die linke Ecke nach rechts, dann die rechte Ecke nach links falten. An der Markierung . . .

3. . . . die linke Ecke nach rechts falten. An der Hilfslinie die Spitze, die in der Mitte liegt, nach innen falten. An den Hilfslinien . . .

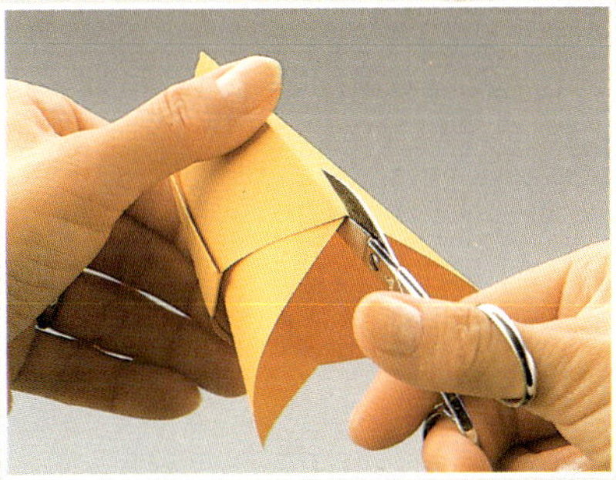

4. . . . etwas einschneiden und die Figur langsam öffnen.

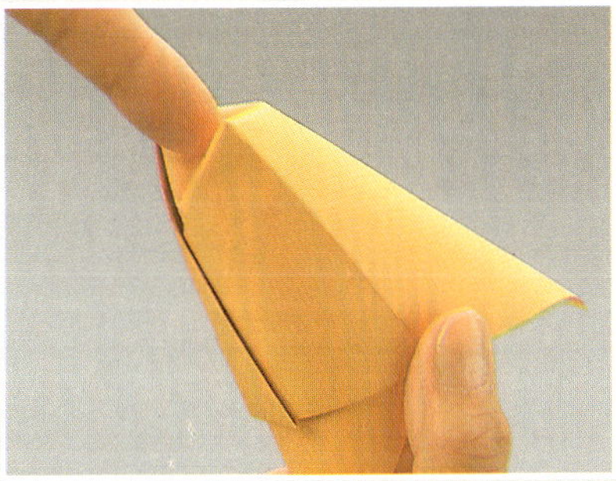

5. Den Boden nach innen drücken.

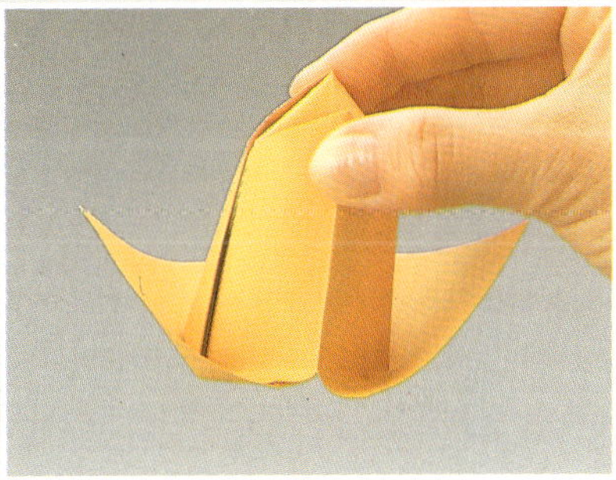

6. Den Hut formen.

Becher

1. Mit Schritt 2 des Cowboy-Huts beginnen. An der Hilfslinie . . .

2. . . . die vordere obere Spitze in das vordere Dreieck stecken.

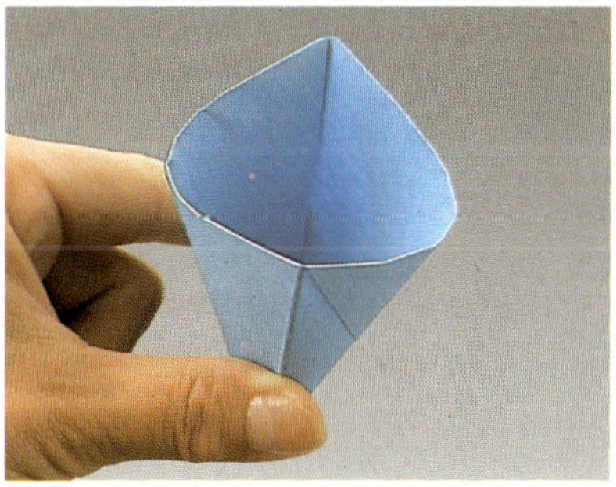

3. Den hinteren Flügel nach hinten falten. Um die Figur zu öffnen, von beiden Seiten her drücken.

Flugzeug

1. Ein quadratisches Blatt Papier . . .

2. . . . diagonal in der Mitte falten. An der Markierung . . .

3. . . . die untere Spitze nach oben falten. An der ersten (1) Hilfslinie . . .

4. ... die linke Spitze auf die rechte Kante falten. An der zweiten (2) Hilfslinie ...

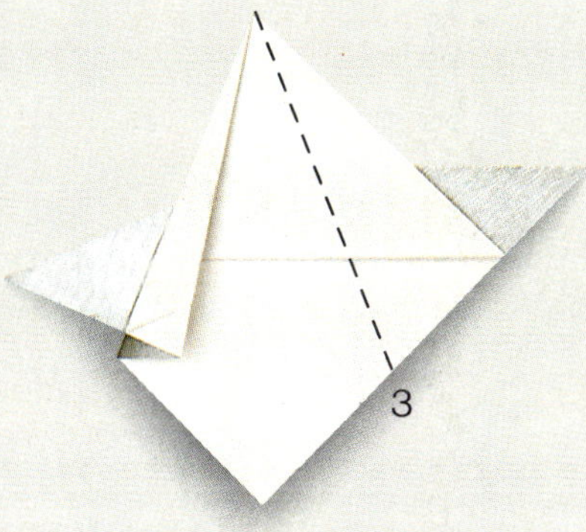

5. ... wieder nach links falten. Die rechte Spitze an der ...

6. ... dritten (3) Hilfslinie auf die linke Kante falten. An der vierten (4) ...

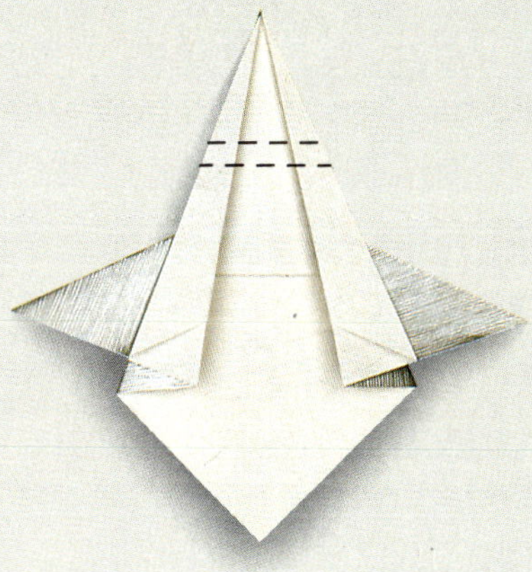

7. ... wieder nach rechts falten. Die obere Spitze an der unteren Markierung ...

8. ... nach unten, an der oberen nach oben falten.

9. Die Form in der Mitte zusammenklappen und waagerecht hinlegen. An der Hilfslinie knicken.

10. Die rechte Spitze öffnen, am Knick nach innen falten.

11. An der Markierung knicken.

12. Die Figur am unteren Teil bis zum Knick festhalten und den oberen Teil öffnen.

13. Das Flugzeug ist startklar.

Dame

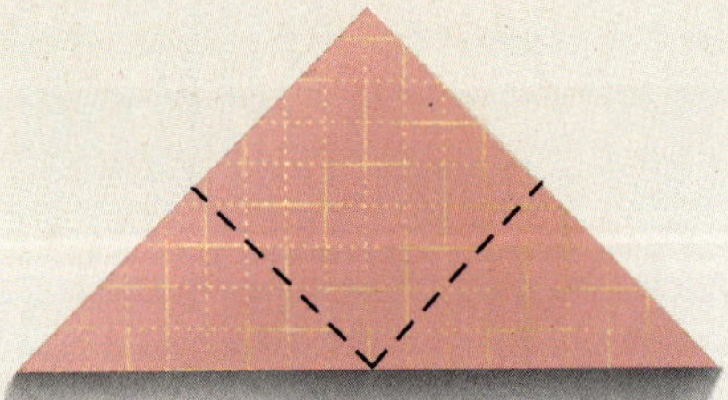

1. Man benötigt ein dreieckiges Blatt Papier. Man erhält diese Ausgangsform, indem man ein quadratisches Blatt Papier an der Diagonalen teilt. An den Hilfslinien . . .

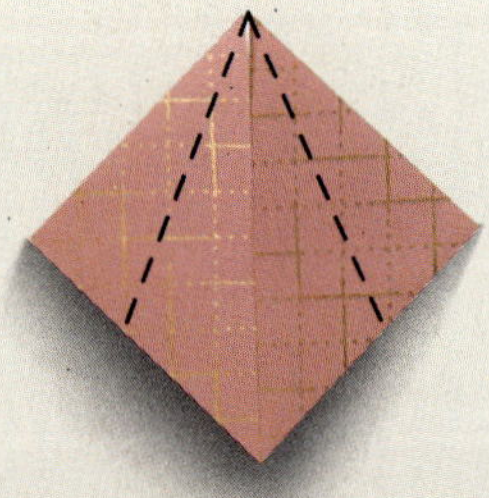

2. . . . rechte und linke untere Ecke auf die obere Ecke falten; die weiße Seite des Papiers bleibt innen. An den Markierungen vorfalten.

3. Die linke Hälfte der Form öffnen . . .

4. . . . den linken Teil der linken Hälfte am Knick nach innen falten.

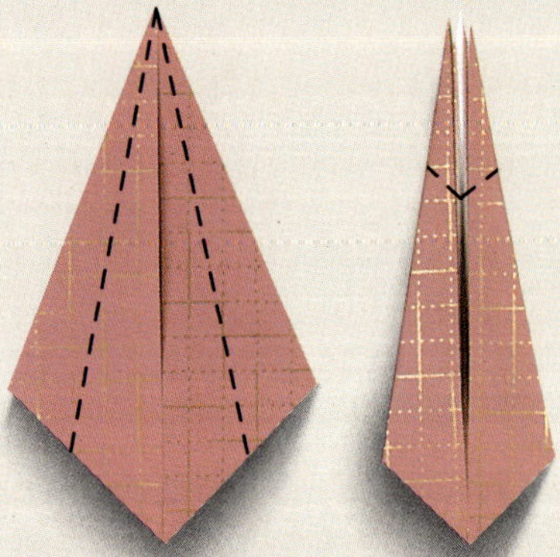

5. Das gleiche auf der rechten Seite wiederholen. An den gestrichelten Linien die rechte und linke Kante nach hinten falten. An den Hilfslinien knicken.

6. Die linke obere Spitze öffnen, am Knick nach links falten.

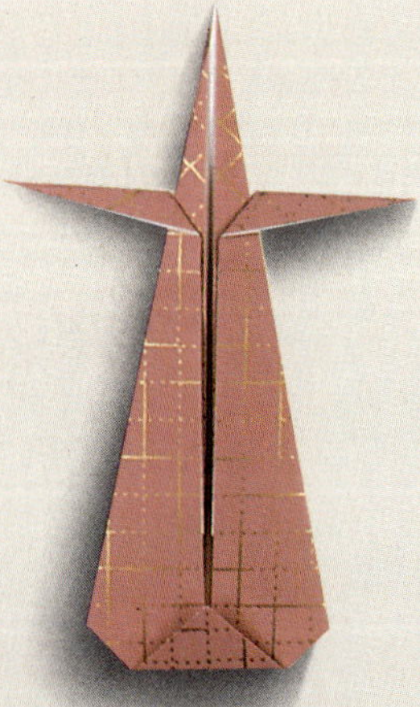

7. Das gleiche mit der rechten oberen Spitze wiederholen. Das werden die Arme. Die untere Spitze nach oben falten.

8. Die Form in der Mitte zusammenklappen, so daß die kleine untere Spitze innen ist. Die obere Spitze an der Markierung nach rechts vorfalten.

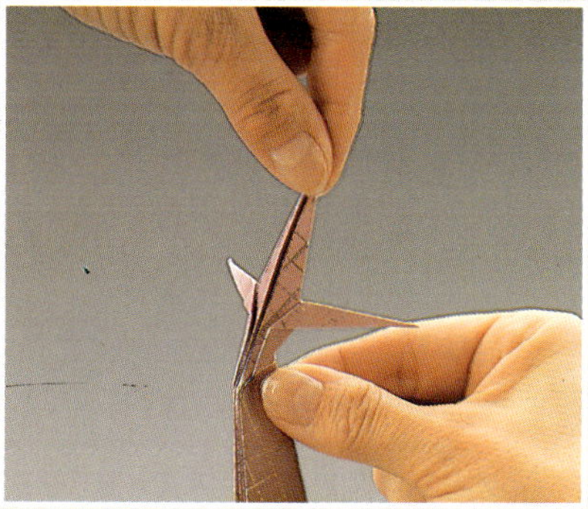

9. Die Form unterhalb des Knicks festhalten. Den oberen Teil öffnen und am Knick flach drücken.

10. Den rechten Arm an den Hilfslinien knicken.

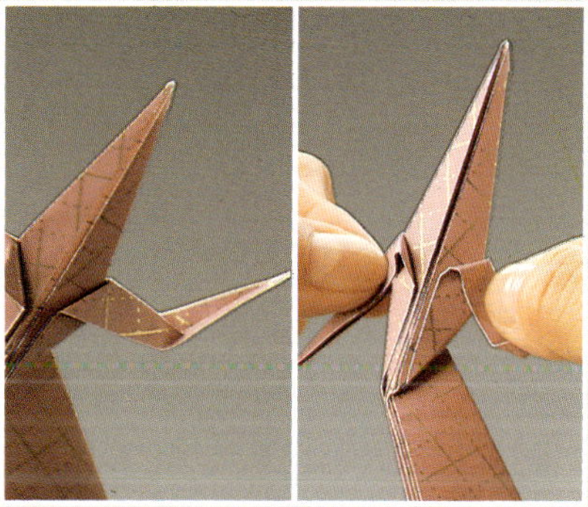

11. Den Arm öffnen und die Spitze am Knick nach oben falten. Beide Schultern nach unten drücken.

12. Die obere Spitze öffnen und an den Markierungen . . .

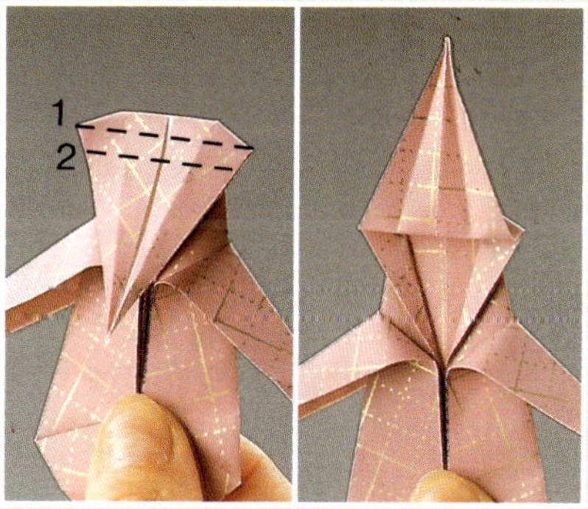

13. . . . nach unten falten. Die Spitze, die nun unten liegt, an der ersten (1) Hilfslinie nach oben . . .

14. . . . an der zweiten (2) nach hinten falten. Rechte und linke Ecke nach vorne drücken.

15. Die Spitze von der Rückseite nach oben falten, dann an den Markierungen nach vorne falten. Anschließend die Spitze nach innen stecken.

16. An der gestrichelten Linie die linke Spitze des Rocks nach rechts falten. Das Gesicht aufmalen. Die Dame ist fertig.

Maus

1. Man benötigt ein dreieckiges Blatt Papier (vgl. Dame Seite 66/67). An der ersten (1) Hilfslinie knicken. An der zweiten (2) und dritten (3) Hilfslinie obere und untere Spitze . . .

2. . . . auf den Mittelpunkt der linken Kante bringen und an den Markierungen . . .

3. . . . nach links falten. An den gestrichelten Linien die obere und untere Hälfte der linken Kante . . .

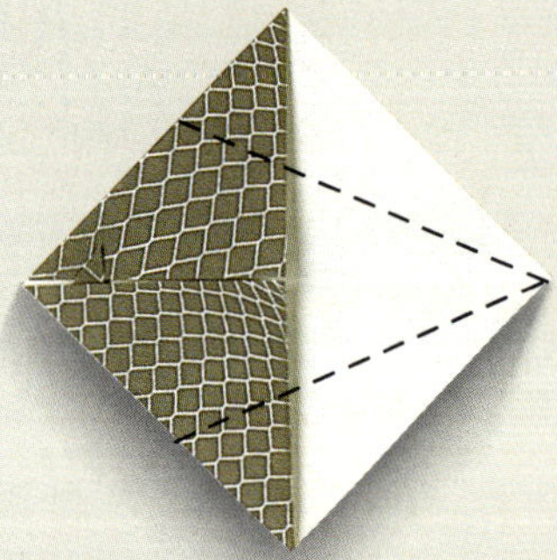

4. . . . auf die waagerechte Mittellinie falten. An den Hilfslinien die obere und untere Kante auf der rechten Seite . . .

5. . . . nach hinten auf die Mittellinie falten.

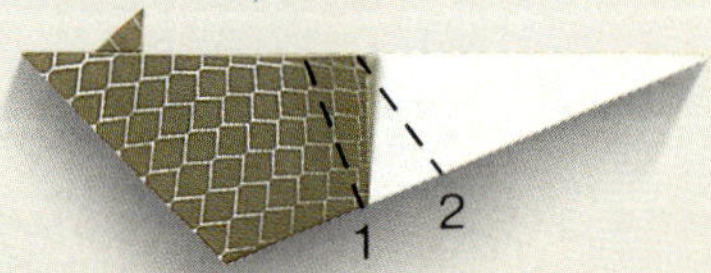

6. Die Form in der Mitte zusammenklappen. An der ersten (1) Markierung die rechte Spitze . . .

7. . . . nach innen, an der zweiten (2) nach außen falten.

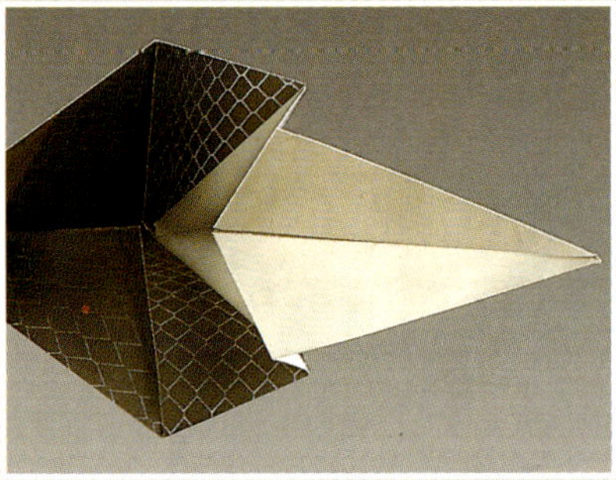

8. Die Form von unten etwas öffnen und die langen Kanten der Rhombusform . . .

9. . . . auf die waagerechte Mittellinie falten.

10. Die Form wieder zusammenklappen. Die untere Ecke an der Hilfslinie . . .

11. . . . nach innen falten; auf der Rückseite wiederholen. Das ist die Maus.

Wanddekoration

Wandtasche

1. Man benötigt ein rechteckiges Blatt Papier, dessen Breite die Hälfte der Länge betragen muß. Das Papier in der Mitte knicken; es entstehen zwei quadratische Hälften.

2. Die untere Kante auf den Knick falten; die weiße Seite ist innen. An den Markierungen . . .

3. . . . die beiden unteren Ecken nach oben falten und wieder entfalten.

4. Den vorderen Flügel öffnen. Am entstandenen Knick die linke Ecke nach innen falten.

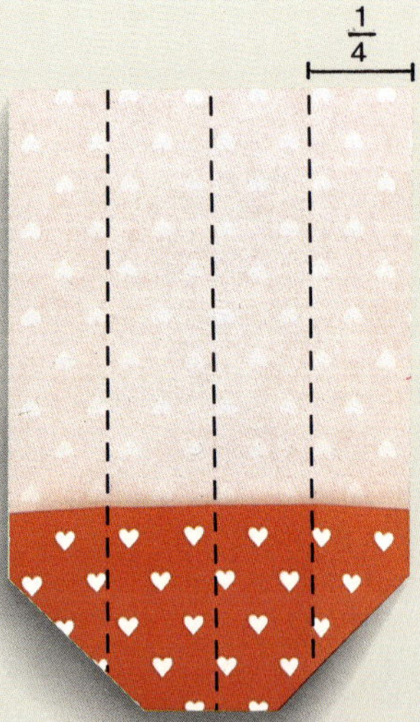

5. Das gleiche mit der rechten Ecke wiederholen. An den gestrichelten Linien scharf knicken.

6. Den vorderen Flügel wieder öffnen, die linke Ecke . . .

7. . . . am Knick nach innen falten.

8. Das gleiche mit der rechten Ecke wiederholen. Die obere Kante des vorderen Flügels an der Hilfslinie . . .

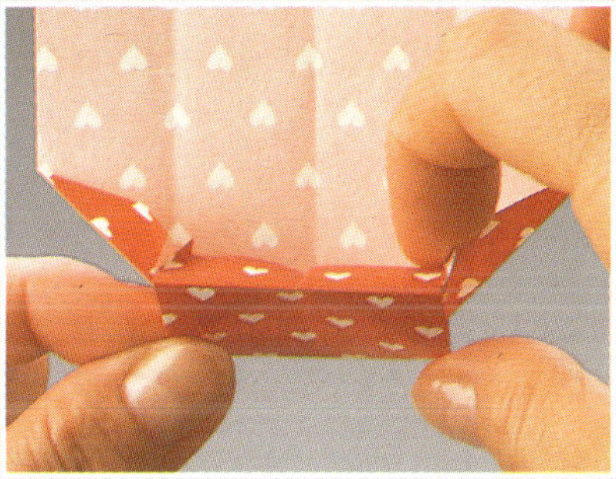

9. . . . nach innen umschlagen.

10. Den oberen Teil des Papiers an der ersten (1) Markierung . . .

11. . . . nach hinten . . .

12. . . . an der zweiten (2) Markierung wieder nach oben falten. Die Form umdrehen und an den gestrichelten Linien . . .

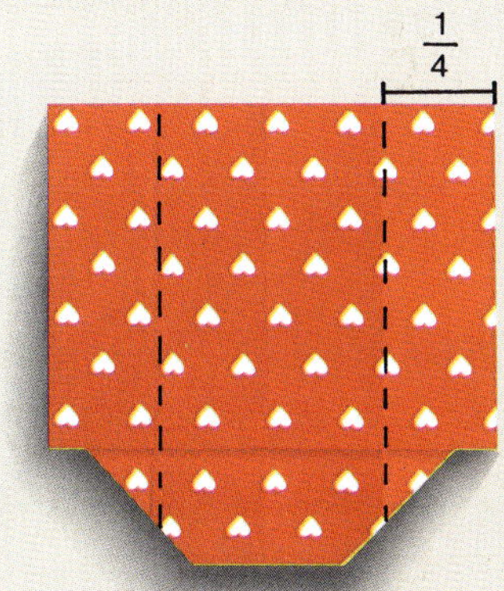

13. . . . die rechte und linke Kante auf die senkrechte Mittellinie falten.

14. Die Form wieder umdrehen. Die Wandtasche an die Wand hängen.

Faltbrief

Man benötigt ein rechteckiges Blatt Papier.

1. Die untere kurze Kante auf die linke längere Kante falten. An der Hilfslinie knicken . . .

2. . . . und die Faltung wieder rückgängig machen. Das Papier oberhalb des Knicks ist zum Beschreiben. Je länger der Brief werden soll, desto höher muß dieser Teil sein. Ist der Brief fertig geschrieben, den oberen Teil des Papiers . . .

3. . . . wie eine Ziehharmonika falten.

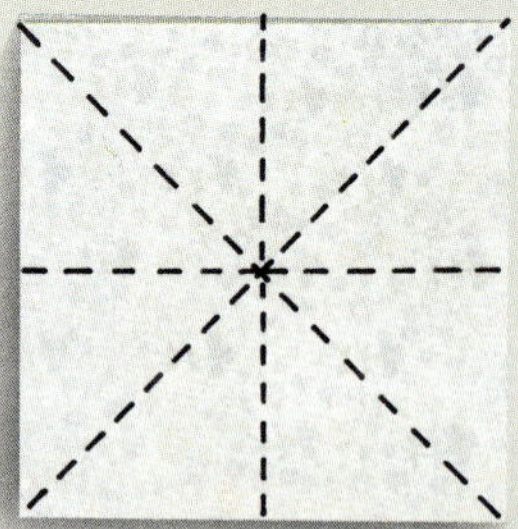

4. Der untere Teil des Papiers hat nun eine quadratische Form. Diesen Teil wie Grundform V falten: an den Hilfslinien knicken, die untere Kante . . .

5. *. . . auf die obere Kante falten.*

6. *Die linke Hälfte der Form senkrecht hochstellen.*

7. *Die Falte öffnen und auseinanderdrücken.*

8. *An der gestrichelten Linie knicken.*

9. *Den rechten vorderen Flügel senkrecht hochheben.*

10. *Die Falte öffnen und auseinanderdrücken.*

11. *Rechte und linke obere Kanten der Drachenfigur . . .*

12. *. . . auf die senkrechte Mittellinie falten und wieder entfalten. An der Hilfslinie knicken.*

13. *Obere Spitze langsam öffnen . . .*

14. *. . . und bis auf die untere Spitze ziehen. Rechte und linke Ecke der Drachenfigur nach innen auf die Mittellinie drücken.*

15. *Die untere Spitze an der Markierung . . .*

16. *. . . wieder nach oben falten; es entsteht eine Rhombusform. Die rechte Hälfte der Rhombusform . . .*

17\. . . . nach links falten.

18\. Die Schritte 6—17 mit der rechten Hälfte der Form wiederholen. An der Markierung knicken.

19\. Die linke Spitze etwas öffnen und am Knick nach innen falten.

20\. Die Form umdrehen.

21\. Obere rechte und linke Spitze an den gestrichelten Linien . . .

22\. . . . auf die untere Spitze falten. An den Stellen, wo sich die Punkte befinden, kleine Löcher in das Papier bohren (z. B. mit einer Stecknadel) und einen Faden durchziehen. Die Form umdrehen.

23\. Den Brief mit einer Schleife binden.

Baby-Vogel

1\. Ausgangsform ist ein rechteckiges Blatt Papier, dessen lange Seiten genau doppelt so lang sein müssen wie die schmalen Seiten.
An den Hilfslinien knicken. An der ersten (1) Hilfslinie die untere kurze Kante nach oben falten.

2\. Die linke Hälfte des Papiers senkrecht hochheben . . .

3. . . . die Falte öffnen und auseinanderdrücken.

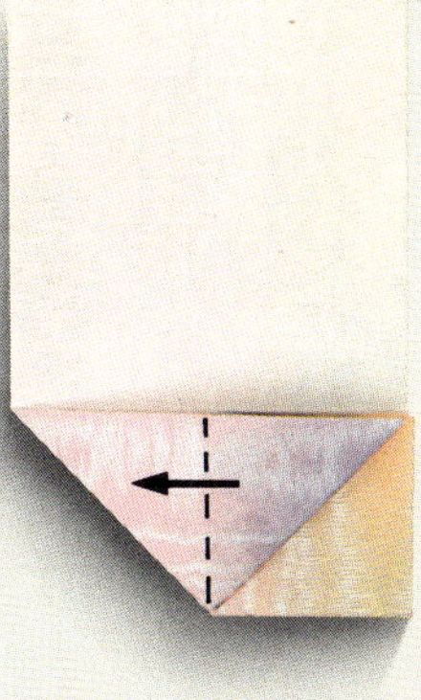

4. Den rechten oberen Flügel an der Markierung . . .

5. . . . nach links falten.

6. Die Schritte 2–5 mit der rechten Hälfte des Papiers wiederholen. An den gestrichelten Linien . . .

7. . . . rechte und linke Ecke des Dreiecks auf die untere Ecke falten. An den Hilfslinien knicken.

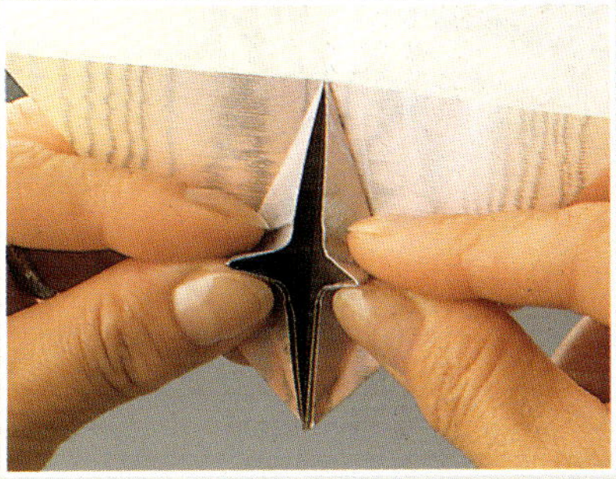

8. Die entstandenen Ecken an den Knicken zusammendrücken und in der Mitte feststreichen. Das wird der Schnabel.

9. An der Markierung die obere linke Ecke auf die untere rechte Ecke des Quadrates . . .

10. . . . bringen und die Form waagerecht hinlegen. An den gestrichelten Linien oberen und unteren Teil der Form . . .

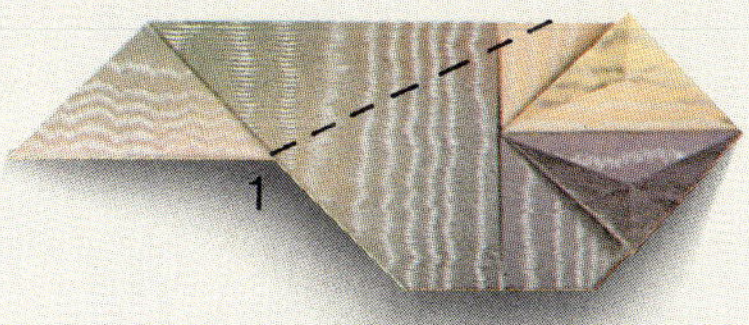

11. . . . nach hinten falten. An der ersten (1) Hilfslinie den oberen Teil . . .

12. . . . ein weiteres Stück nach hinten falten.

13. An der zweiten (2) Hilfslinie die Spitze wieder nach oben falten. Augen aufmalen oder ankleben. Der Baby-Vogel ist fertig.

Winter

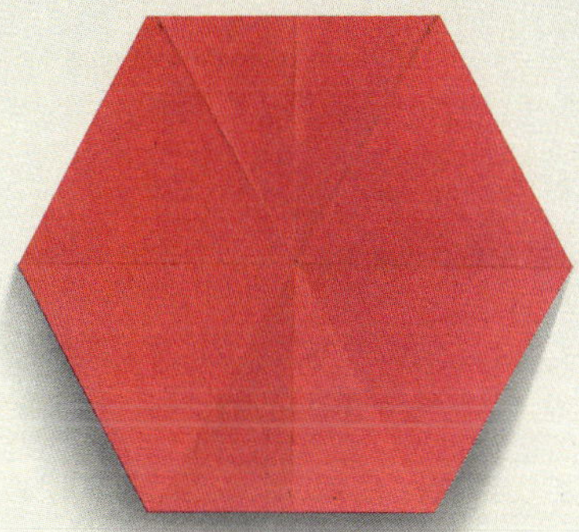

Sechseck

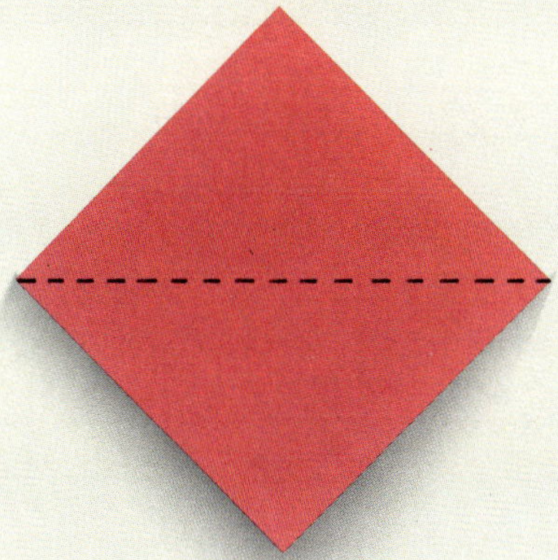

Für manche Figuren benötigt man ein sechseckiges Blatt Papier (z. B. für Schneeflocken, Margeriten usw.). Um diese Ausgangsform herzustellen, braucht man folgendes:

— ein quadratisches Blatt Papier
— einen Winkelmesser
— eine Schere

1. Das Papier diagonal in der Mitte falten. An der Hilfslinie . . .

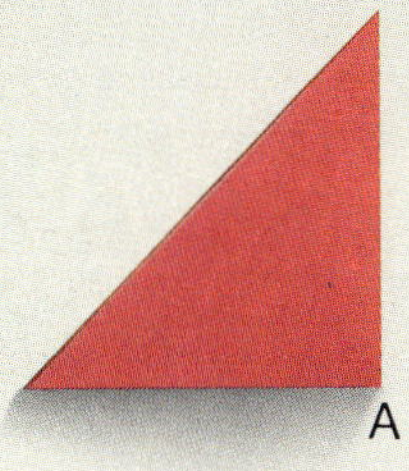

2. . . . die rechte Ecke auf die linke Ecke falten und wieder öffnen . . .

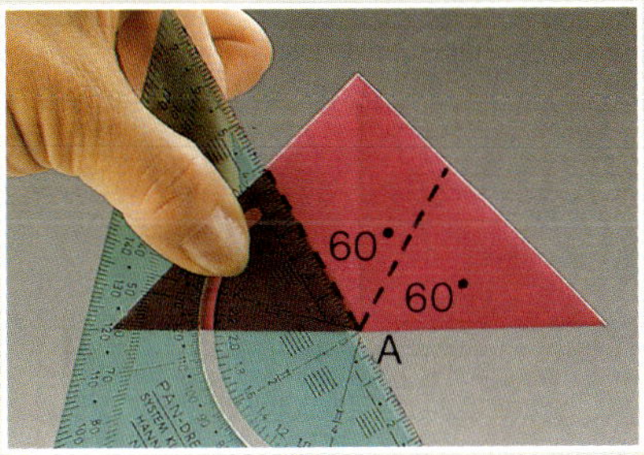

3. . . . damit man den Mittelpunkt der unteren Kante erhält. Den Winkelmesser an Punkt A anlegen und die Winkel 60° und 120° markieren.

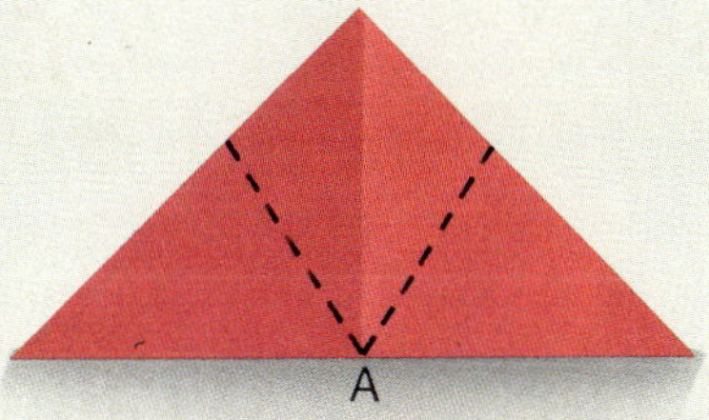

4. Von den Markierungen zu Punkt A Hilfslinien ziehen und das Papier knicken.

5. Die rechte Ecke an der Markierung auf die linke Kante falten.

6. Die linke Ecke an der Markierung auf die rechte Kante falten.

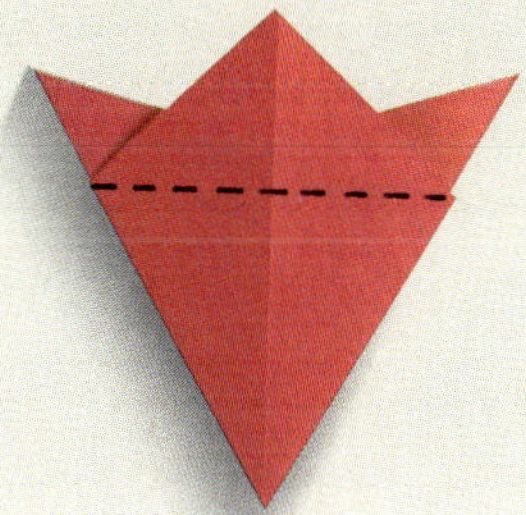

7. Die Form umdrehen. An der gestrichelten Linie . . .

8. . . . den oberen Teil der Form abschneiden.

9. Die Falten öffnen. Das sechseckige Papier ist fertig.

Schneeflocken

1. Mit Schritt 8 des sechseckigen Papiers (Seite 77) beginnen. Die geschlossene Spitze zeigt nach unten, an den Hilfslinien . . .

2. . . . vorfalten.

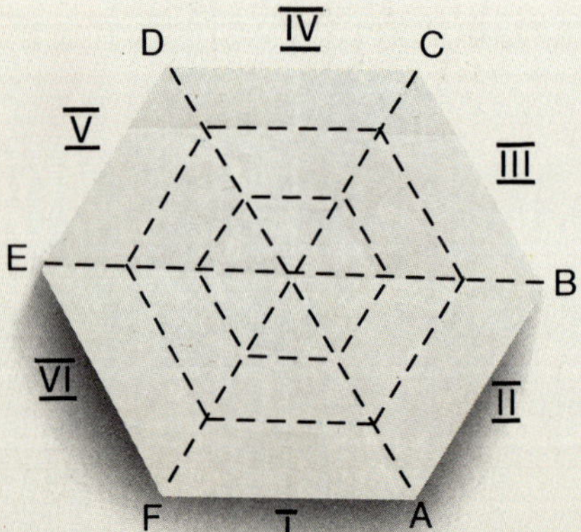

3. Alle Falten öffnen.

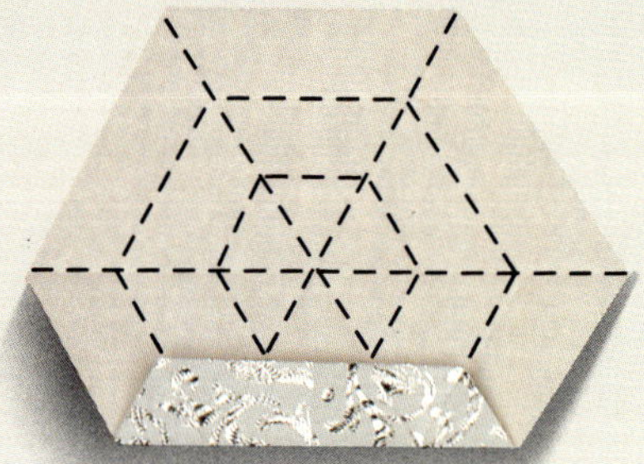

4. Die untere Kante (I) am untersten Knick um 1/3 nach oben falten.

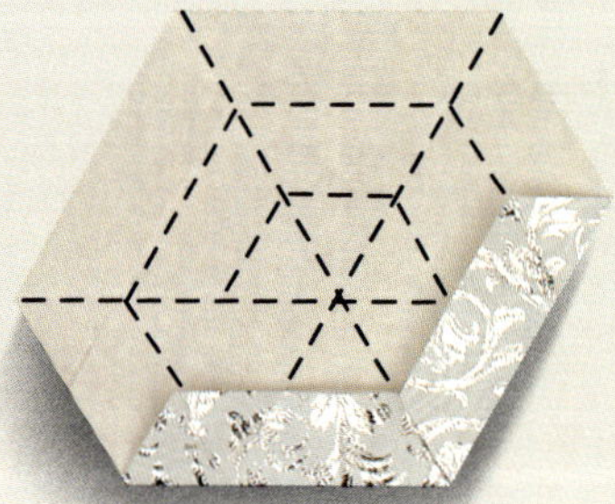

5. Die rechte untere Kante (II) am Knick um 1/3 nach links falten.

6. Die beiden letzten Faltungen öffnen. Die rechte untere Ecke herausziehen.

7. Zuerst die rechte Kante, dann die untere Kante am Knick wieder falten. Die Ecke bleibt außen.

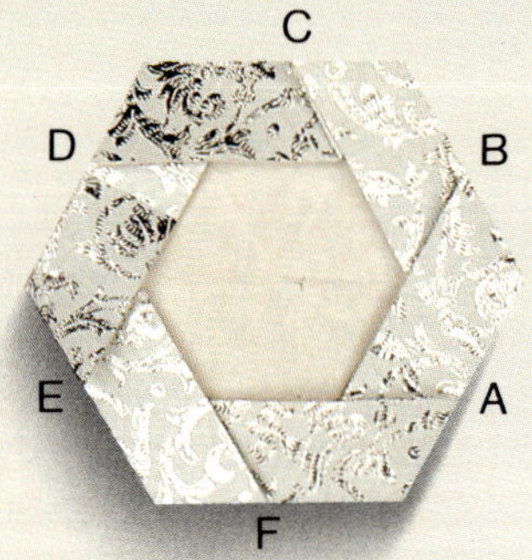

8. Das gleiche mit den restlichen Kanten und Ecken wiederholen. Die Form umdrehen.

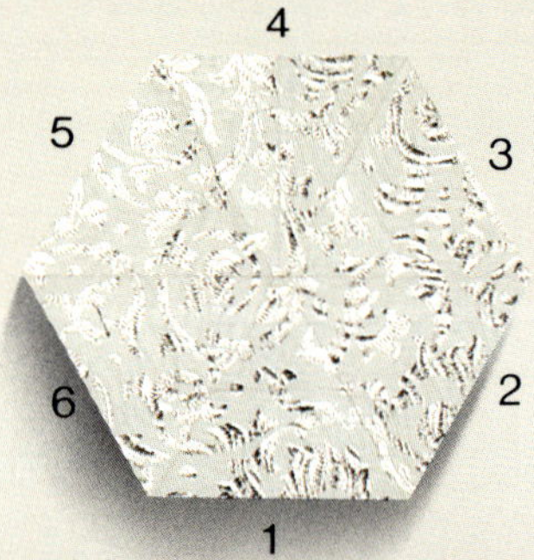

9. Kante 1 mit Hilfe des Knicks (vgl. Schritt 3) . . .

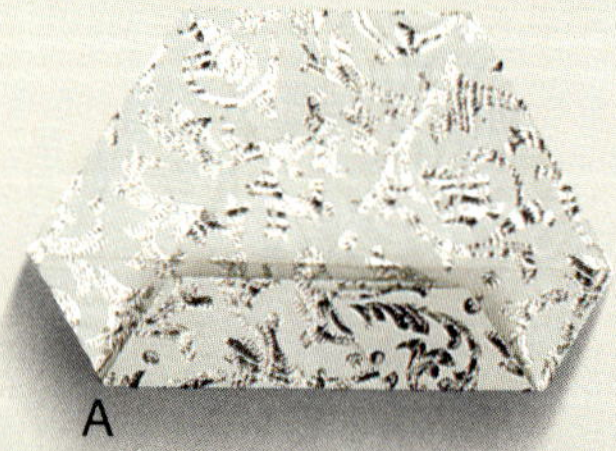

10. . . . auf die waagerechte Mittellinie falten .

11. Die rechte untere Kante (2) genauso auf die Mitte falten, gleichzeitig aber . . .

12. . . . Ecke F nach unten ziehen und nach links drücken.

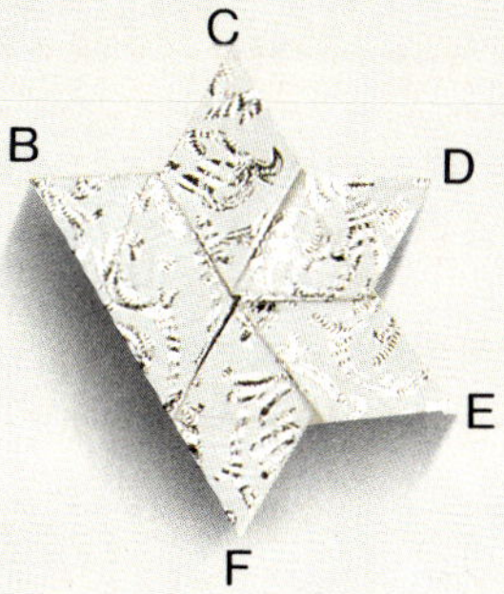

13. Das gleiche mit der 3., 4. und 5. Kante und den Ecken wiederholen.

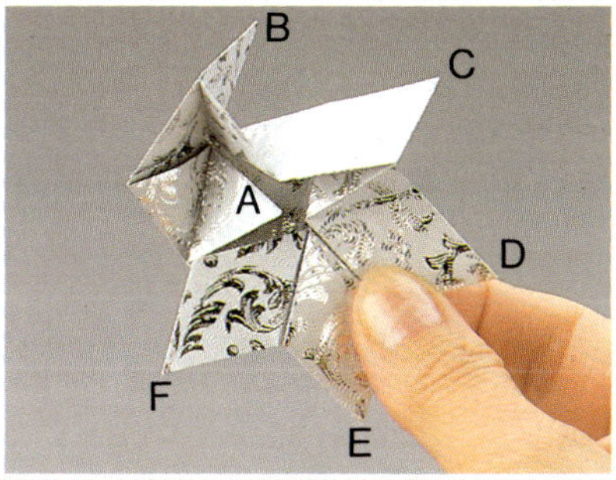

14. Die letzte Faltung öffnen. Die noch innen liegende Ecke (A) . . .

15. . . . herausziehen . . .

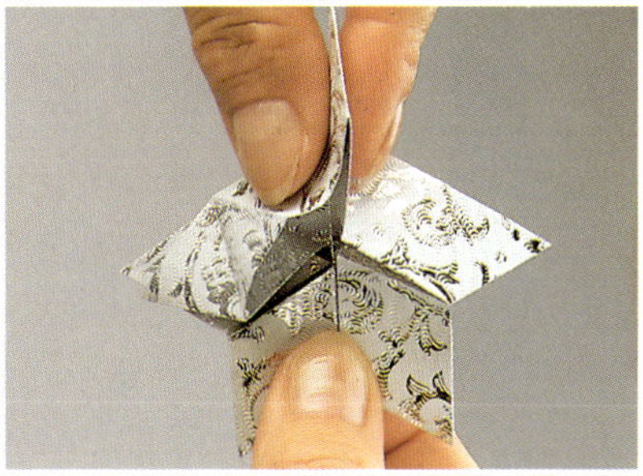

16. . . . und jeweils die Mitte der Kanten 5 und 6 auf den Mittelpunkt der Form falten.

17. Die herausgezogene Ecke nach links falten.

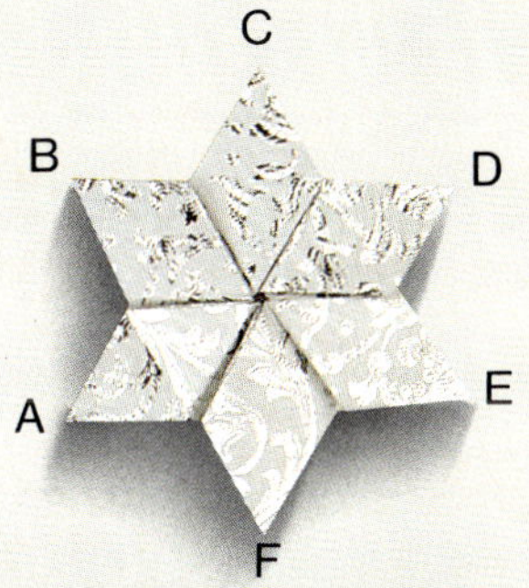

18. Die Form hat nun sechs Spitzen.

19. Eine Spitze senkrecht hochheben.

20. Die Falte öffnen und flach drükken.

21. Das gleiche mit den anderen fünf Spitzen wiederholen. Die erste Schneeflocke ist fertig.

22. Dreht man die Figur um, erhält man eine andere Schneeflocke.

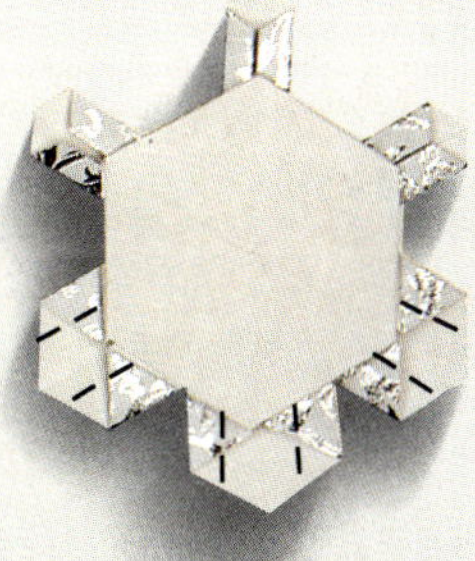

23. Faltet man alle Spitzen an den Hilfslinien nach hinten . . .

24. . . . bekommt man eine dritte Schneeflockenform.

Margerite

Man benötigt zwei sechseckige Papiere:
- *ein weißes Papier für die Blütenblätter*
- *ein gelbes Papier für die Staubgefäße*

Die Kantenlänge des weißen Papiers muß dreimal so groß sein wie die des gelben Papiers.

1. Das weiße Papier bis Schritt 9 der Schneeflocken (Seite 78/79) falten.

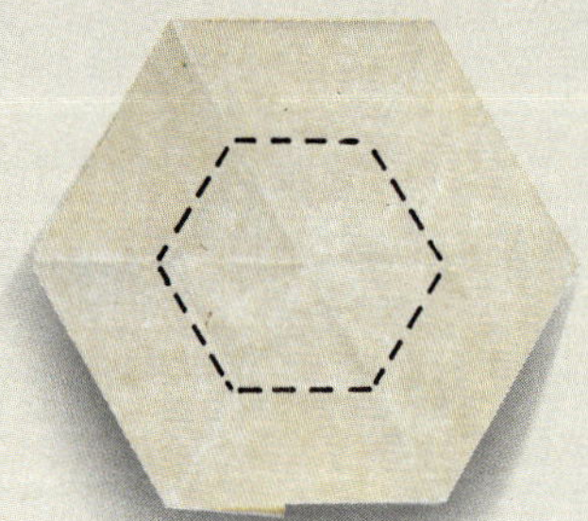

2. Das gelbe Papier so auf die Mitte des weißen Papiers kleben, daß Knick auf Knick liegt.

3. Die Form nun bis Schritt 21 der Schneeflocken weiter falten. An den Hilfslinien die Ecken . . .

4. . . . nach hinten falten.

5. An den Markierungen die kleinen Spitzen in der Mitte . . .

6. . . . nach außen falten.

7. Auf der Rückseite einen Stengel befestigen.
Die Margerite ist fertig.

ISBN 3 8068 0805 8

Titelbild und Fotos: Photo-Design-Studio Gerhard Burock, Wiesbaden-Naurod
Satz: TypoBach, Wiesbaden
Druck: Karl Neef GmbH & Co., Wittingen

817 2635 44

Mit der Reihe „Schönes Hobby" hat der FALKEN Verlag neue Maßstäbe gesetzt. Jeder Band enthält Vorlage- oder Schnittmusterbögen in Originalgröße. Fragen Sie Ihren Buchhändler!

Im FALKEN Verlag sind noch folgende Titel zu kreativen Hobbys erschienen:

Robert Harbin: Origami (0280)
Hans Tapper: Servietten dekorativ falten (0804)
Heide Klingmüller: Schritt für Schritt zum Scherenschnitt (0732)
Brigitte Staub-Wachsmuth: Hobby Patchwork und Quilten (0768)